HERNANDES DIAS LOPES

voando nas alturas

10 princípios para uma vida bem sucedida

©2015 por Hernandes Dias Lopes

Revisão
Josemar de Souza Pinto
Andrea Filatro

Capa
Maquinaria Studio

Diagramação
Andréa F. M. Pereira

1ª edição - novembro de 2015

Editor
Juan Carlos Martinez

Coordenador de produção
Mauro W. Terrengui

Impressão e acabamento
Imprensa da Fé

Todos os direitos desta edição reservados para:
Editora Hagnos
Av. Jacinto Júlio, 27
04815-160 - São Paulo - SP - Tel. (11) 5668-5668
hagnos@hagnos.com.br - www.hagnos.com.br

Dados Internacionais de Catalogação na Publicação (CIP)
Angélica Ilacqua CRB-8/7057

Lopes, Hernandes Dias
    Voando nas alturas / Hernandes Dias Lopes, – São Paulo : Hagnos, 2015.

ISBN 978-85-243-0505-4

1. Autoestima - Aspectos religiosos 2. Fé 3. Autoconfiança 4. Vida cristã I. Título

15-0914   CDD-234.237

Índices para catálogo sistemático:
1. Fé – Vida cristã

Editora associada à:

Dedicatória

Quando Abner, general do exército de Saul, morreu, Davi disse a seu respeito: [...] *Não sabeis que hoje caiu em Israel um líder, um grande homem?* (2Sm 3.38). No dia 30 de janeiro de 1996, tombou no campo de batalha um dos mais ilustres guerreiros de Cristo na terra brasileira. Trata-se do rev. R. Oton Guanais Dourado, insigne pastor presbiteriano, ilustrado mestre muitos anos no Seminário Presbiteriano do Norte, em Recife, PE, teólogo da mais refinada estirpe e batalhador inflamado por uma igreja evangélica mais santa, ousada e cheia do Espírito Santo. Esse gigante do protestantismo brasileiro possuía mente brilhante, inteligência rara e conhecimento invulgar. Era um homem com a cabeça repleta de luz e o coração cheio de fogo. Sua vida muito me impactou. Viveu como servo e morreu como príncipe. A esse varão valoroso que, a exemplo de Abner, ainda fala, embora morto, dedico este livro.

Que toda a glória seja dada ao Senhor Jesus, razão de nossa esperança!

Prefácio

Há escritos que são consequência de pensamentos à margem da vida. As páginas que se seguem, porém, irão confrontá-lo com suas próprias ansiedades e expectativas, desafiando-o a voar alto, a ter visão do Reino e a refletir sobre sua existência como santo de Deus que necessita do toque diário da misericórdia do Senhor.

Em nossa vida, o Senhor nos leva, algumas vezes, a surpreender-nos naquilo que somos ou temos. Às vezes, ele nos choca com a nossa própria história, promove mudanças, altera a visão, propõe nova vida. Lendo este livro, senti o desejo de Deus em desafiar o seu povo a essa nova vida, aceitando as propostas do alto, galgando as altitudes da vida cristã e, sobretudo, voando nas alturas.

Tenho visto a expressão do amor de Deus em diferentes formas e lugares diferentes. Mas no Brasil, no Peru, ou entre os africanos, há algo que me impressiona: a maneira direta e chocante que o Espírito Santo usa para impactar o nosso coração com as verdades dos céus. Nestas páginas, veremos muitas delas sendo expostas, e minha oração é que o Espírito de Deus alcance sua vida com essas verdades.

Conheço de perto o rev. Hernandes Dias Lopes desde 1989, e tenho visto esse homem como um profeta do Senhor que, em nossos dias, tem sido poderosamente usado por Deus para marcar, na vida da igreja evangélica brasileira, os valores do Reino.

Este é um livro que deve ser lido com meditação profunda, pois o Senhor deseja que nos tornemos como águias, que voam nas alturas.

Rev. Ronaldo Lidório
é pastor presbiteriano e missionário ligado à Agência Presbiteriana
de Missões Transculturais (APMT) e WEC Internacional.

Sumário

Introdução	9
Capítulo 1: Príncipes, e não gafanhotos	11
Capítulo 2: Vivendo nas alturas	19
Capítulo 3: Integridade inegociável	23
Capítulo 4: Dependência do Espírito	29
Capítulo 5: Visão integral	33
Capítulo 6: Pleno discernimento	39
Capítulo 7: Liberdade sim, cativeiro não	45
Capítulo 8: Fidelidade, a base de um casamento feliz	49
Capítulo 9: Quebrantamento e renovação	57
Capítulo 10: Meus filhos, meus discípulos	65
Conclusão	75

Introdução

No ano de 1995, pregou na Primeira Igreja Presbiteriana de Vitória, cuja comunidade pastoreio há onze anos, o rev. Luiz Wesley, secretário executivo da Associação Evangélica Brasileira. Foi uma mensagem simples, objetiva e muito inspiradora. Naquela manhã, seu sermão versou sobre a águia. Eu já havia pregado na igreja sobre o mesmo assunto, porém nunca me tinha detido com vagar para examinar mais cuidadosamente as implicações do referido tema na vida prática da família e da igreja. Assim, a partir daquele dia, essas verdades começaram a se agitar em minha mente e a arder em meu coração. Debrucei-me, então, sobre os vários textos bíblicos que falam sobre a águia. Busquei outras fontes. Pesquisei, li, orei, meditei e, então, comecei a pregar sobre o assunto. Percebi que, à medida que expunha e discorria sobre a matéria, as pessoas ficavam maravilhadas com as lições que aprendemos com a águia, cujos princípios divinos nos levam a uma vida vitoriosa. Observei que a águia tem muito a nos ensinar. Ela é uma pedagoga de Deus. Sua vida, sua força, sua disciplina e seu cuidado com os filhotes são balizas norteadoras para uma vida bem-sucedida.

Existe hoje muita gente buscando sucesso. As bibliotecas estão cheias de literatura empapuçada de leis e regras que visam levar o homem ao sucesso. Os homens empregam uma infinidade de métodos e estratégias para tirar as pessoas da mediocridade e levá-las ao pódio da coroação. A humanidade está ávida por tudo aquilo que lhe possa oferecer esperança. Neste mundo marcado pela guerra, pela violência e pelo desbarrancamento da virtude, toda mensagem que visa levantar a cabeça das pessoas, oferecendo-lhes a felicidade e os louros da vitória, é acolhida com aplausos ruidosos e efusivos.

É pena que muitos princípios que propõem levar o homem ao sucesso não passam de laços que o escravizam ainda mais à misé-ria. Há caminho que ao homem parece direito, mas ao cabo dá em

Introdução

caminhos de morte. Está na moda, hoje, o homem pensar que ele é uma miniatura de Deus e que todas as leis do sucesso estão latentes no próprio homem. Basta fazer cócegas no seu íntimo e acordá-lo como um gigante. O homem moderno, de fato, é um prodígio. Conquistou no campo da ciência e da tecnologia vitórias estupendas. Entretanto, ele continua sendo, paradoxalmente, um ser caído, fraco e doente no sentido moral, morto espiritualmente, muito necessitado e dependente da misericórdia de Deus. O homem sem Deus é um ser arruinado, desfigurado, embrutecido. Os princípios do sucesso genuíno não estão escondidos no tesouro do coração humano. Pelo contrário, esse coração corrupto e enganador é a fonte de toda a desgraça que avilta e destrói a raça humana.

Cremos que os princípios para o sucesso verdadeiro vêm do céu, emanam do trono de Deus, vertem-se da sua Palavra. Não se trata de confissão positiva, pensamento positivo, meditação transcendental. O sucesso autêntico não tem sua gênese no próprio homem. O segredo da vitória, as leis do sucesso, as balizas para uma vida sábia e feliz estão exaradas na Palavra de Deus. O homem que se debruça sobre esses princípios e os cumpre é bem-sucedido (Js 1.8).

Convido você a caminhar comigo pelas páginas das Escrituras, olhando para os dez princípios de Deus que o conduzirão a uma vida radicalmente diferente.

Deus não o criou para se arrastar pela vida. Levante a cabeça. Ponha seus olhos nas alturas. Ponha seu coração em Deus. Olhe para a águia. A partir deste momento vamos aprender com ela. Ela será nossa pedagoga. Esta aventura vai valer a pena. Não se esqueça de nenhuma das lições e, então, certamente, você também voará alto, rumo às grandes vitórias, na força de Deus e para a glória do Pai.

Capítulo 1

Príncipes, e não gafanhotos

No mundo inteiro, a águia é símbolo de nobreza. Pela sua força, alteza e vigor, ela desponta como campeã indiscutível do símbolo de grandeza. A águia é forte, viva, corajosa, vencedora, símbolo daqueles que esperam no Senhor.

O povo de Deus é como a águia. É um povo forte. É um povo guerreiro. É um povo que triunfa sobre as tempestades. É um povo vencedor. É um povo que não retrocede diante das procelas borrascosas, não teme o perigo, nem se intimida com as ameaças do adversário. É um povo que marcha altaneiramente, segundo as leis dos céus, rompendo barreiras, vencendo grilhões, conquistando as alturas, refugiando-se no regaço do Deus Todo-poderoso.

É preocupante, entretanto, perceber que existem hoje muitos cristãos vivendo um projeto diferente de vida. Ao contrário das águias, são tímidos, fracos, impotentes, dominados pelo medo. Longe de triunfar nas crises, soçobram vencidos e caminham pela vida cabisbaixos, derrotados e tristes.

É lamentável constatar como tantos cristãos vivem dominados pelo complexo de inferioridade, esmagados pela prejudicada autoestima, com a autoimagem achatada. São pessoas que vivem amargando e curtindo um profundo sentimento de autorrepúdio e desvalor. Estes olham para dentro de si mesmos e enxergam-se com lentes embaçadas e olhos míopes, tendo de si mesmos os conceitos mais distorcidos e desfocados.

Há pessoas que são como os dez espias de Israel. Eles eram príncipes, nobres homens de valor. Foram escolhidos criteriosamente por serem homens fortes, inteligentes, líderes, representantes ilustres de suas tribos. Moisés os enviou para conhecerem a terra prometida e depois, com relatos vivos, incentivarem o povo a lutar com galhardia na sua conquista. Eles foram. Passaram lá quarenta dias. Ficaram

Príncipes, e não gafanhotos

deslumbrados com a exuberância da terra. Era uma terra fértil, boa, que manava leite e mel. Era tudo quanto Deus já havia falado. Voltaram da jornada com os frutos excelentes da terra. Todavia, na hora de dar o relatório, disseram a Moisés e ao povo que a terra era boa, mas devorava os seus habitantes; a terra manava leite e mel, mas eles não conseguiriam entrar lá; pelo contrário, morreriam no deserto, comendo pó, pois lá havia gigantes ameaçadores e imbatíveis, e, aos olhos deles, eles eram como gafanhotos. Eram príncipes, mas sentiram-se diminuídos diante dos gigantes; eram nobres, mas sentiram-se desprezíveis; eram valorosos, mas sentiram-se como insetos; foram tomados por um sentimento doentio de autodesvalorização e, consequentemente, de impotência.

Há hoje um batalhão de pessoas derrotadas pela síndrome de gafanhoto; gente que se considera um inseto. Essas pessoas caminham pela vida cabisbaixas, vencidas, desanimadas, desencorajadas para a luta. Não creem nas promessas de Deus. Só olham para as dificuldades, para os gigantes, e não para Jesus. Vivem choramingando, entoando o cântico triste e amargo de suas derrotas antecipadamente. Acham que nada vai dar certo na vida, que não adianta lutar e que estão engajadas numa causa perdida e sem esperança. Há muitos que foram vencidos não pelo gigante das circunstâncias, mas pelo gigante de seus sentimentos turbulentos. Estes caminham pela vida cantando como a galinha-d'angola: "Tô fraco, tô fraco, tô fraco". Eles dizem que nada vai dar certo, não vão conseguir, não adianta lutar, pois há gigantes no caminho.

Aqueles dez espias conseguiram contaminar todo o arraial de Israel com o seu pessimismo, e toda aquela multidão se alvoroçou rebelada contra Moisés, insurgindo-se contra Deus, porque foi envenenada pela síndrome de gafanhoto. Toda aquela multidão perambulou quarenta anos no deserto, porque deu ouvidos à voz dos arautos do caos, e não às promessas de Deus.

Vejamos no livro de Números, capítulos 13 e 14, o que produz essa síndrome de gafanhoto:

1. Os sintomas da síndrome de gafanhoto

1º — *Senso de fraqueza.* [...] *Não conseguiremos subir* [...] (Nm 13.31). Esses homens anularam a palavra de Deus, duvidaram de seu poder e só enxergaram os obstáculos. Desviaram os olhos de Deus e só olharam para as circunstâncias adversas. Naufragaram como Pedro no mar da Galileia.

2º — *Complexo de inferioridade.* [...] *porque é mais forte do que nós* (Nm 13.31). De fato, as cidades que eles deviam conquistar eram grandes, mas Deus é maior. As muralhas eram altas, mas Deus é altíssimo e tremendo. Os gigantes eram fortes, mas Deus é o Todo-poderoso.

3º — *Arautos do caos.* *Então, depreciaram diante dos israelitas a terra que haviam sondado* [...] (Nm 13.32). Quando as pessoas estão contaminadas por esse vírus maldito do pessimismo, elas difamam Deus e desprezam suas bênçãos. Escarnecem das promessas divinas e se tornam pregoeiras do desânimo.

4º — *Fraca autoestima.* [...] *e éramos como gafanhotos aos nossos próprios olhos [...]* (Nm 13.33). Eles eram príncipes, mas se encolheram. Sentiram-se como insetos, sob a bota dos gigantes. De príncipes a gafanhotos; de filhos do rei a insetos.

5º — *Visão distorcida da realidade.* [...] *e também aos olhos deles* (Nm 13.33). Aqueles espias raciocinaram assim: eles são gigantes, e nós, pigmeus; eles são fortes, e nós, fracos; eles são muitos, e nós, poucos; eles vivem em cidades fortificadas, e nós, no deserto; eles são guerreiros, e nós, peregrinos. Eles olharam as coisas pelo avesso. Por isso, arrastaram-se no pó, sentiram-se indignos, menos do que príncipes, menos do que homens, menos do que gente, gafanhotos, insetos.

2. Os efeitos da síndrome de gafanhotos

1º — *Induz o povo ao desespero.* [...] *e o povo chorou naquela noite* (Nm 14.1). Toda a congregação chorou. Só viram as suas impossibilidades, e não as possibilidades de Deus. Ficaram assombrados,

Príncipes, e não gafanhotos

estupefatos, arrasados. Não viram saída. Não enxergaram uma luz no fim do túnel. Para eles, não havia solução. Por isso, entregaram-se ao choro do desespero e da derrota.

2º — Induz o povo à murmuração. *E todos os israelitas murmuraram* [...] (Nm 14.2). Na hora das dificuldades, em vez de o povo se voltar para Deus como libertador, viu-o como opressor. Acusou Deus. Murmurou contra ele.

3º — Induz o povo à ingratidão. [...] *Seria melhor se tivéssemos morrido na terra do Egito* [...] (Nm 14.2). O povo, alvoroçado, esqueceu-se de bondade de Deus, do livramento de Deus, das vitórias de Deus.

4º — Induz à insolência contra Deus. *Por que o Senhor nos trouxe a esta terra para cairmos à espada?* [...] (Nm 14.3). Contaminado pela síndrome de gafanhoto, o povo acusou Deus. Infamou o Senhor. Insultou com palavras descaridosas o Deus Todo-poderoso. Disse com insolência que Deus era o causador de seu infortúnio e o responsável pela crise que estava vivendo.

5º — Induz à apostasia. [...] *Não seria melhor voltar para o Egito?* (Nm 14.3). Não há nada que entristece mais o coração de Deus do que ver o seu povo arrependido de ter se arrependido. Nada fere mais o coração de Deus do que ver o seu povo ultrajar a sua graça e querer voltar atrás, sentindo saudades do Egito. Aquele povo enfastiou-se de Deus, da sua direção, da sua companhia e de seu sustento. Ele se esqueceu dos benefícios e dos açoites dos carrascos.

6º — Induz à amotinação. [...] *Escolhamos um chefe* (Nm 14.4). O povo, insuflado pelos espias, queria agora outros líderes que o guiassem de volta ao Egito. Ele se rebelou contra Deus e rejeitou o comando de Moisés. Houve uma insurreição, um motim, uma conspiração de trágicas consequências no arraial do povo de Deus.

7º — Induz à rebeldia contra Deus. *Apenas não sejais rebeldes contra o Senhor* [...] (Nm 14.9). Amar mais o Egito do que o Deus da promessa é rebeldia. Não crer na Palavra de Deus e se intimidar diante dos gigantes deste mundo é rebeldia. Não andar pela fé é rebeldia.

Voando nas alturas

8º — Induz ao medo do inimigo. [...] *e não temais o povo dessa terra* [...] (Nm 14.9). O medo vê fantasma. Os discípulos, no mar da Galileia, porque estavam com medo, viram Jesus andando sobre as ondas e gritaram: é um fantasma! O medo altera as situações. Josué e Calebe, os dois espias que ousaram crer nas promessas de Deus, viram os gigantes não como inimigos imbatíveis, mas como pão que seria triturado. Os dez espias sentiram-se diminuídos e viram-se como gafanhotos. Josué e Calebe viram-se como um povo imbatível.

9º — Induz à perseguição contra a liderança instituída por Deus. *Mas toda a comunidade disse que fossem apedrejados* [...] (Nm 14.10). Em vez de obedecer à voz de Deus, o povo rebelde decidiu apedrejar os líderes que Deus constituíra. Não queriam mudar de vida, por isso queriam mudar de liderança.

3. O que fazer quando se constata que o povo está afetado pela síndrome de gafanhoto?

1º — Quebrantar-se diante de Deus. *Então Moisés e Arão prostraram-se com o rosto em terra* [...] *e Josué* [...] *e Calebe* [...] *rasgaram suas roupas* (Nm 14.5,6). Na hora da crise aguda, não adianta discutir, brigar, argumentar, fomentar, jogar uns contra os outros e espalhar boatos. É preciso quebrantamento, humildade, boca no pó.

2º — Firmar-se nas promessas infalíveis da Palavra de Deus. [...] *A terra por onde passamos para conhecê-la é extraordinária* (Nm 14.7). Não devemos ser influenciados pelos comentários, pelas críticas e pela epidemia do desânimo. Pelo contrário, devemos arraigar-nos na Palavra de Deus e colocar nela toda a nossa confiança.

3º — Conhecer as estratégias de Deus para a vitória. a) *Se o SENHOR se agradar de nós* [...] (Nm 14.8). Quando Deus se agrada do seu povo, ele se torna imbatível. b) [...] *o SENHOR está conosco. Não os temais* (Nm 14.9). A nossa vitória não advém da nossa força, mas da presença de Deus conosco. c) *Apenas não sejais rebeldes contra o SENHOR* [...] (Nm 14.9). Não há vitória no arraial do povo de Deus enquanto houver no seu meio a erva daninha da rebeldia.

Príncipes, e não gafanhotos

4. Como Deus trata a questão da síndrome de gafanhoto no meio do seu povo?

1º — *Deus traz livramento aos que creem na sua Palavra* (Nm 14.10).

2º — *Deus mostra cansaço com a incredulidade do povo diante de tantos sinais do seu favor e da sua bondade* (Nm 14.11).

3º — *Deus perdoa o povo em resposta à oração* (Nm 14.20).

4º — *Deus não retira as consequências do pecado* (Nm 14.21-23). Eles viram a glória e os prodígios de Deus. Mas, mesmo assim, puseram Deus à prova dez vezes (Nm 14.22). Eles não obedeceram à voz de Deus (Nm 14.22) e acabaram por desprezar Deus (Nm 14.23). Então, Deus mudou o rumo da viagem deles (Nm 14.25). Tiveram de perambular pelo deserto um ano por um dia que espiaram a terra prometida (Nm 14.34). Eles não entrariam na terra de Canaã (Nm 14.29-31). A sentença de Deus contra eles foi a de não terem o que desprezaram: não teriam a terra prometida (Nm 14.31). Vocês terão o que desejam: morrer no deserto (Nm 14.31).

5º — *Deus galardoa os que creem na sua Palavra* (Nm 14.24,25). Josué e Calebe entraram na terra prometida. Eles confiaram em Deus, e Deus os honrou.

A terra prometida, e não o deserto, é onde devemos viver. Somos príncipes, e não gafanhotos. É hora de tapar os ouvidos às vozes agourentas do pessimismo e nos erguer com santa ousadia para uma vida vitoriosa.

Certa feita, entrou em meu gabinete pastoral uma mulher, membro de uma igreja evangélica, chorando convulsivamente. Depois de algum tempo, ela se recompôs e me disse:

— Pastor, eu pensei que não teria coragem de abrir o meu coração neste primeiro encontro de aconselhamento. Mas, quando me estava preparando para vir, minha vizinha pulou da varanda de seu apartamento e se arrebentou no asfalto, ficando seu corpo todo mutilado. — Com voz embargada e olhos fuzilantes, ela me disse: —Pastor, eu é quem iria fazer aquilo hoje. Eu não quero mais viver.

Voando nas alturas

Perguntei-lhe:

— Por que você não quer mais viver?

Ela me respondeu:

— É que eu sou um problema. Eu não mereço viver. Eu não posso mais viver.

— Mas por que você pensa assim?

Ela desabafou:

— Meu pai sempre me disse que eu era um problema. Quando fiquei jovem, casei-me para sair de casa. Então, vi no meu marido o retrato de meu pai. Ele também me disse que eu era um problema. Divorciei-me e casei-me pela segunda vez. Meu segundo marido não era diferente do meu pai. Então, divorciei-me e casei-me pela terceira vez. Agora percebo que meu terceiro marido me diz as mesmas coisas que o meu pai me dizia. — Com os olhos perdidos e a alma inundada num mar de desesperança, aquela pobre mulher confessou: — Pastor, eu sou um problema. Eu quero morrer.

Senti compaixão por aquela mulher e lhe disse três coisas que são princípios de Deus para erradicar do coração enfermo essa terrível semente da síndrome de gafanhoto:

a) Você não é o que você pensa que é. Há gente que está doente, contaminada pelo vírus do pessimismo, derrotada pela febre da fraca autoestima, esmagada debaixo do tacão cruel do complexo de inferioridade, gente com síndrome de gafanhoto. Há cristãos, filhos do Deus altíssimo, que vivem um arremedo de vida, andam encurvados, caquéticos, porque não sabem quem são e o que têm em Cristo Jesus. Por verem tantos gigantes e problemas à sua frente, sentem-se como insetos, enquanto são príncipes.

b) Você não é o que as pessoas dizem que você é. Talvez você tenha enfiado na sua mente, introjetado no seu coração, uma palavra de maldição, despejada sobre a sua vida. Talvez você tenha agasalhado e arquivado no cofre da sua memória uma palavra de fracasso que seu pai, sua mãe, seu marido, seu professor, seu patrão lhe disse e, a partir daí, começou a cultivar um sentimento de desvalor e de fracasso, sendo um produto do que as pessoas lhe disseram. Por favor, não aceite a decretação da desgraça em sua vida. Maldição sem causa não se cumpre. Reaja, faça o que a mãe de Thomas Alva Edison fez quando sua professora afirmou que ele era incapaz de aprender. Aquela mãe não aceitou passivamente a decretação da derrota na vida do filho, investiu nele, e ele veio a ser um dos maiores e mais ilustrados cientistas de todos os tempos.

c) Você é o que Deus diz que você é. Aquele que espera em Deus, crê no seu Filho e foi regenerado pelo Espírito Santo não é o que pensa que é, nem o que as pessoas dizem que é, mas o que Deus diz que ele é. O que é que Deus diz que somos? Somos eleitos e amados por Deus desde os tempos eternos. Somos chamados com santa vocação. Somos regenerados, selados e habitados pelo Espírito Santo. Somos remidos e comprados pelo sangue do Cordeiro. Somos propriedade exclusiva de Deus. Somos habitação de Deus. Somos filhos do rei. Somos herdeiros de Deus, a herança de Deus, embaixadores de Deus, a menina dos olhos de Deus. Somos o corpo de Cristo, ramos da videira verdadeira, noiva do Cordeiro, povo mais do que vencedor. Somos nobres. Corre em nossas veias mais do que sangue azul. Somos filhos do rei dos reis, herdeiros de suas promessas. Nós somos o que Deus diz que somos. Ele é fiel. Sua Palavra é a verdade. Ela não pode falhar. Somos como a águia. Somos príncipes, e não gafanhotos.

Capítulo 2

Vivendo nas alturas

O caminho da águia [é] *no ar* [...] (Pv 30.19). Ela não foi criada para viver arrastando-se nos vales da vida e nas depressões da terra. Deus a criou para as alturas. Com base neste fato, destaco três lições da mais alta importância para a sua reflexão:

1. A águia voa alto

A águia tem vocação para as alturas. Ela é a rainha do espaço, a campeã dos voos altaneiros. Ela galga as alturas excelsas com suas possantes asas e voa com segurança e prodigiosa desenvoltura sobre o pico dos mais altos montes. Ela não é como o inambu, que vive levando tiro na asa, presa fácil dos caçadores, porque só voa baixo.

Há muitas pessoas que vivem também num plano muito inferior, voando baixo demais, sofrendo ataque de todos os lados, porque não saem das zonas de perigo, vivem pisando em terreno minado, com os pés no território do adversário. Por isso, constantemente estão feridas, machucadas, porque não alçam voo mais para cima.

Há crentes que vivem arraigados no mundo. Estão na igreja, mas não se liberaram do mundo. São crentes que se conformam com o presente século. Adaptam-se aos esquemas e valores do mundo, seguem o curso do mundo e são amigos do mundo. São pessoas de coração dividido, que querem servir a Deus, mas não estão dispostas a renunciar ao mundo. Amam os prazeres do mundo, vivem para agradar os ditames da carne e satisfazer seus desejos imediatos.

Como é triste perceber que muitos crentes têm sido seduzidos pelas atrações e prazeres efêmeros do mundo! Como Esaú, vendem o seu direito de primogenitura por um prato de lentilhas. Trocam a paz de uma consciência pura por um momento de prazer. Trocam a alegria da salvação por um minuto de pecado.

Há crentes, hoje, que estão em amargura de espírito, no laço do passarinheiro, debaixo de opróbrio e vergonha, porque brincaram com a graça de Deus, foram profanos e zombaram do pecado. A Bíblia diz que quem zomba do pecado é louco (Pv 14.9).

Sansão era um homem consagrado a Deus. Era um nazireu. Como tal, não podia tocar em cadáver, beber vinho nem cortar o cabelo (Nm 6.1-5). Estes eram os seus votos de consagração ao Senhor. Sansão cresceu num lar piedoso. Seus pais andavam com Deus. Ele era um jovem forte, poderoso, muitas vezes possuído e usado pelo Espírito Santo. Mas Sansão não perseverou na santidade. Ele brincou com o pecado. Não levou Deus a sério. Fez pouco caso de seus votos de consagração. Por isso, foi afrouxando seus compromissos, transigindo com o pecado, anestesiando sua consciência, caminhando em direção ao abismo, descendo aos lugares baixos e tenebrosos, afogando sua alma no lodaçal pestilento da desobediência. Sansão quebrou o seu primeiro voto de consagração ao procurar mel na caveira de um leão morto (Jz 14.8,9). Há muitos crentes, hoje, também procurando doçura e prazer no pecado. Sansão quebrou seu segundo voto de consagração ao dar um banquete de sete dias, regado a vinho, para seguir a moda dos jovens de sua época (Jz 14.10). Sansão caiu quando quis seguir a moda. Sansão não teve coragem para ser diferente. Ele cedeu à pressão do grupo. Tornou-se massa de manobra. Em vez de influenciar, foi influenciado. O povo de Deus precisa ter fibra. O cristianismo não é para gente covarde (Ap 21.8). Não vivemos para agradar a homens (Gl 1.10). Há muitos pais cristãos que, ao celebrarem os 15 anos de suas filhas ou as bodas de casamento, regam a festa com cerveja e uísque, porque têm medo de quebrar as etiquetas sociais. Não têm a mente de Cristo. Vivem não pelas leis do céu, mas pelas imposições do mundo.

Sansão quebrou o seu terceiro voto de consagração, depois de macular sua honra, deitando-se no colo de uma mulher ímpia e traidora. Sansão era um gigante. Sua força era descomunal, colossal, hercúlea. Sozinho, vencia exércitos. Ninguém podia subjugá-lo. Ele era invencível. Mas o pecado o derrubou. Ele ficou preso pelas próprias cordas do seu pecado. Ele tornou-se cativo de suas paixões. Ele dominava exércitos, mas não conseguiu dominar seu próprio coração. Ele venceu com uma queixada de jumento mil filisteus (Jz 15.15), mas

Voando nas alturas

foi vencido pelas suas paixões sexuais. Seu cabelo foi cortado, e seu voto foi quebrado. O Espírito de Deus retirou-se dele (Jz 16.19,20). Tornou-se, então, um homem comum, fraco, impotente. Os inimigos o subjugaram e vazaram-lhe os olhos. Seu nome significa Sol, mas ele ficou em profunda escuridão. Foi vencido porque, em vez de voar nas alturas como a águia, ficou ciscando lixo e entulho, como uma galinha, com os pés na lama.

Deus nos chamou para voar como a águia. O apóstolo Paulo diz: *Já que fostes ressuscitados com Cristo, buscai as coisas de cima, onde Cristo está assentado à direita de Deus. Pensai nas coisas de cima e não nas que são da terra* (Cl 3.1,2).

2. A águia voa cada vez mais alto

A águia tem uma característica muito interessante. Quando ela faz o seu segundo voo, ele é mais alto que o primeiro. Quando ela faz o seu terceiro voo, ele é mais alto do que o segundo. Ela sempre se esforça para voar cada vez mais alto. Com isso, ela tem uma lição muito profunda a nos ensinar. Se os que confiam no Senhor são como a águia, então nós não precisamos ter uma vida de altos e baixos. Há muitos crentes que são instáveis demais. Sua fé oscila como a onda do mar. Não se firmam. Não crescem. Não amadurecem. São reincidentes em repetidas quedas. São crentes inconstantes, ora entusiasmados e cheios de vigor, ora curtindo um desânimo doentio. São crentes como Pedro, antes do Pentecostes: fazem bonitas e profundas declarações sobre a messianidade de Jesus, mas se deixam usar pelo diabo (Mt 16.15). Por um instante são ousados, mas depois se acovardam. Há momentos que juram fidelidade a Jesus; logo depois o negam vergonhosamente.

Deus não nos chamou para vivermos um projeto de derrota e fracasso. Com Cristo, a vida é sempre de triunfo (2Co 2.14). Com ele somos mais do que vencedores (Rm 8.37). A nossa dinâmica não é dar cinco passos para frente e quatro para trás, mas caminhar de força em força, sempre para frente, para o alvo, que é Cristo Jesus.

Vivendo nas alturas

3. A águia voa acima da tempestade

A águia ainda nos ensina uma terceira lição: sempre que divisa no horizonte a chegada de uma borrasca, sempre que vê a as nuvens escuras e os relâmpagos riscando o céu, sempre que ouve o ribombar dos trovões, ela agiganta ainda mais os seus esforços e voa com intrepidez para as grandes alturas, pairando acima da tempestade, onde sobrevoa em perfeita bonança.

Temos, também, em nossa jornada, muitas tempestades. Muitas delas são ameaçadoras e perigosas. É insensatez viver abaixo da borrasca e sofrer os efeitos catastróficos da tempestade, se podemos voar para o alto e desfrutar tempos de refrigério e bonança nos braços do Deus vivo.

O segredo na hora da crise é voar um pouco mais alto e agasalhar-nos debaixo das asas do Deus onipotente. Ele é nossa torre de libertação. Ele é nosso alto refúgio. Ele é o nosso esconderijo seguro. Ele é a nossa cidade-refúgio. Ele é o nosso abrigo no temporal.

Muitos crentes, entretanto, em vez de fugir do temporal, causam mais tempestade. São como Jonas, provocadores de vendaval. Sempre que o crente deixa de obedecer a Deus, em vez de bênção, torna-se maldição; em vez de ajudar as pessoas ao seu redor, é um estorvo; em vez de ser um aliviador de tensões, é um provocador de tragédias. Todo crente na rota da fuga de Deus é uma ameaça, pois não apenas vive debaixo da tempestade, mas a sua vida é a própria causa da tempestade.

A atitude acertada não é fazer como o avestruz, que, ao ver o perigo, esconde a cabeça na areia, julgando com isso que o problema está eliminado. Na tempestade, não adianta fugir nem se esconder. O segredo é voar alto e refugiar-se nos braços do Senhor.

Capítulo 3

Integridade inegociável

Precisamos de sabedoria para aprender algumas lições com os animais: a formiga nos ensina a previdência; as abelhas, a técnica da organização; a ovelha, a necessidade da dependência do pastor; os pardais, a confiança na providência divina.

Há coisas lindas e profundas no reino animal. Uma delas é o sentido de voo dos gansos. No outono, quando se veem bandos de gansos voando rumo ao Sul, formando um grande "V" no céu, indaga-se o que a ciência já descobriu sobre o porquê de voarem dessa forma. Sabe-se que, quando cada ave bate as asas, move o ar para cima, ajudando a sustentar a ave imediatamente atrás. Ao voar em forma de "V", o bando se beneficia de pelo menos 71% a mais de força de voo do que uma ave voando sozinha. Assim também, pessoas que têm a mesma direção e o sentido de comunidade podem atingir seus objetivos de forma mais rápida e fácil quando viajam, beneficiando-se de um impulso mútuo. Sempre que um ganso sai do bando, sente subitamente diminuir sua resistência e a consequente necessidade de esforço adicional para continuar voando sozinho. Rapidamente, ele entra outra vez em formação para aproveitar o deslocamento de ar provocado pela ave que voa imediatamente à sua frente. Se tivermos a mesma postura dos gansos, permaneceremos em formação com os que apontam o caminho por onde também desejamos seguir. Quando o ganso líder se cansa, ele muda de posição dentro da formação, e outro ganso assume a liderança. Vale a pena nos revezarmos em tarefas difíceis, e isso serve tanto para as pessoas quanto para os gansos que voam rumo ao Sul. Os gansos de trás gritam encorajando os da frente para que mantenham a velocidade. Que mensagem passamos quando gritamos de trás? Finalmente, quando um ganso fica doente ou é ferido por um tiro e cai, dois gansos saem de formação e o acompanham para ajudá-lo e protegê-lo. Ficam com ele até que consiga voar novamente ou até que morra. Só então levantam voo sozinhos ou em

Integridade inegociável

outra formação, a fim de alcançar seu bando. Se tivéssemos a postura dos gansos, também ficaríamos um ao lado do outro.

Deixemos agora o ganso e voltemo-nos para a águia. Ela também tem algo profundo a nos ensinar através do seu voo.

1. Transparência

A águia tem uma capacidade fantástica de voar em linha reta como uma flecha, como um projétil. Seu voo não é em círculo nem sinuoso.

Que lição isso nos comunica? Os que esperam no Senhor precisam também voar em linha reta, ou seja, precisam ser transparentes e íntegros. A vida de um cristão não pode ter sinuosidades. Não pode ter nada escondido e secreto. O cristão é filho da luz e deve viver na luz, sem máscara, sem disfarces. Nossa palavra precisa ser sim, sim; não, não. Nossa vida precisa ser coerente. Deve existir uma adequação perfeita entre o que falamos e as nossas ações. Não podemos dizer uma coisa e fazer outra.

É triste ver como tantas pessoas hoje vivem com máscaras. Há máscaras de todos os tipos, de todas as formas. As máscaras são a mercadoria mais vendida no mercado religioso. Elas fazem parte da indumentária da maioria dos cristãos. Muitos de nós, como Moisés, tentamos encobrir nossa glória desvanecente com o véu da superespiritualidade. Passamos aos outros uma imagem perfeita no palco da vida, quando as coisas nos bastidores não estão nada bem. Muitos hoje estão fazendo da vida um teatro. Estão sempre representando um papel diferente do que na verdade são. Outras vezes, vivem uma vida dupla, assumem posturas diferentes, de acordo com suas conveniências, são piedosos na igreja e agressivos em casa. Tratam os colegas de trabalho com lhaneza e polidez, mas o cônjuge e os filhos, com dureza e brutalidade. São cavalheiros e gentis com os de fora, mas ríspidos e mal-educados com os de casa. São anjos na igreja e demônios em casa. São como Naamã: heróis lá fora, mas doentes em casa. Quando chegam em casa e tiram a máscara, estão cheios de lepra repugnante.

Eu estava certa feita participando de um congresso da Vinde, num seminário sobre família, em que discutíamos os problemas conjugais; lemos o bilhete anônimo de uma esposa angustiada: "Meu marido ora uma hora por dia, mas depois que se levanta da oração é um cavalo".

Há jovens que são doces como o mel e macios como o veludo quando conversam com seus amigos. São modelos de respeito e educação. Mas, muitas vezes, esses mesmos jovens, ao chegarem em casa, se desfiguram e tratam os pais com desamor, com desrespeito e tornam-se motivos de dor e lágrimas para a família.

Deus espera do seu povo uma vida coerente. Não há maior obstáculo para o progresso do reino de Deus do que uma pessoa dizer-se cristã e viver de forma desordenada. O subcristianismo é pior do que o anticristianismo. Um crente sem integridade é pior do que um ateu.

Não houve pecado que despertou mais ira em Jesus do que a hipocrisia dos fariseus. Eles não eram coerentes. Diziam-se santos, mas seus atos reprovavam suas palavras. Suas atitudes eram uma negação de sua teologia. Estavam sempre fazendo incursões na vida alheia para descobrir as mínimas falhas, mas não enxergavam seus pecados gritantes. Eram intransigentes com os outros e complacentes consigo mesmos. Gostavam de regras e normas, eram legalistas e fiscais da vida dos outros, mas viviam um projeto de vida fracassado. Eram bonitos por fora, mas podres por dentro. Eram sepulcros caiados.

A igreja de Deus precisa ter a integridade de José do Egito, que preferiu ser preso a pecar contra Deus. Precisa ter a honestidade de Daniel, que correu risco de vida, mas não se contaminou com o mundo. Mesmo investigado por seus inimigos, nada descobriram a seu respeito, senão que era um homem íntegro e temente a Deus. Precisamos ter a firmeza de Neemias, que não cedeu às pressões do inimigo e jamais desceu de sua posição para o diálogo da sedução. O cristão não pode transigir com o pecado. Não pode ser conivente com o erro. Não pode ser corruptor nem corrompido. Não pode usar dois pesos e duas medidas. Seu caminho não pode ser sinuoso. Ele deve voar reto como a águia.

Integridade inegociável

2. Em círculo não; para frente

A águia voa reto porque tem um alvo definido. Ela sabe de onde veio e para onde vai. Ela não vive sem rumo, sem referencial, sem destino certo. Ela voa para frente. Não está perdida existencialmente. Não vive estagnada como a preguiça. Não anda para trás como o caranguejo. Revela no seu voo desenvolvimento, progresso, crescimento.

Há pessoas que, diferentemente da águia, são como o urubu. O voo do urubu não é em linha reta, mas em círculo. Ele voa para lugar nenhum. Ele voa sem avançar para frente, sem progredir. Há pessoas que passam a vida inteira voando em círculo, sem nenhum crescimento. Entra ano, sai ano, estão dando voltas em torno de si mesmas, ao redor dos mesmos problemas, presas aos mesmos pecados. Não há nenhum avanço. Não há evidência de nenhum amadurecimento. Essas pessoas vivem a triste realidade da estagnação. Vivem o drama de não sair do lugar. São como Sansão, que, por zombar do pecado, caiu nas mãos do inimigo. E agora, cego, começou a dar voltas, em círculo, empurrando um moinho (Jz 16.21).

É doloroso constatar como tantos crentes, mesmo depois de tantos anos ligados à igreja, não revelam nenhum crescimento. São bebês espirituais, estão ainda nos rudimentos da fé, voando em círculo, sem nenhum progresso espiritual. São crentes antigos que ainda não conhecem a Palavra. Vivem o sono da letargia. Não oram, não estudam a Bíblia, não jejuam, não evangelizam, não entregam o dízimo, não trabalham no reino de Deus. São crentes parasitas. São crentes veteranos de banco de igreja que ainda não sabem como conduzir uma vida a Jesus nem sabem dar a razão da sua fé; são crentes nanicos, imaturos.

O mais grave é que, num mundo cinético, quem para, retrocede. Quem não cresce, atrofia. Quem não trabalha, dá trabalho. Quem não evangeliza, precisa ser evangelizado. Quem não ajuda, estorva. Quem não ajunta, espalha. Quem não se esforça, é um peso morto. O ramo que não dá fruto é cortado e lançado no fogo. Quem enterra seus talentos, é lançado nas trevas, onde há choro e ranger de dentes (Mt 25.30).

Voltemos ao voo do urubu. Sempre que ele voa em círculo, sobrevoa onde há putrefação, mau cheiro e tudo aquilo que provoca náuseas e repugnância.

Assim também, quando o crente não progride em sua maturidade cristã, ele não só fica estagnado, mas começa a se deter nas regiões malcheirosas. Por não caminhar para frente, sente uma atração mórbida e doentia por tudo aquilo que é fétido e nauseabundo. Essa é uma marca do crente atrofiado e imaturo: ficar mergulhado e envolvido com tudo aquilo que cheira mal. Essas pessoas sentem-se seduzidas por problemas. Gostam de ouvir e espalhar fofocas. Apreciam discussões tolas e infrutíferas. Amam descobrir podridão na vida alheia. Para essas pessoas, quanto pior, melhor. Elas não sabem sobreviver sem se alimentarem da desgraça dos outros. Nutrem-se da desventura alheia. Alegram-se com a ruína dos outros. A morte dos outros é a sua vida. São como o urubu.

Que Deus nos livre dessa patologia. Que Deus nos livre da estagnação. Que possam sacudir o jugo da letargia. É tempo de a igreja acordar, trabalhar e crescer. É para frente que devemos andar. Somos como a águia.

Capítulo 4

Dependência do Espírito

Os cientistas descobriram que a águia tem asas enormes, gigantescas, pelo menos em relação ao tamanho do seu corpo. Suas asas são desproporcionais ao tamanho do corpo. Por que será? Será um erro anatômico do criador? Uma deformidade? Um detalhe sem importância? Não. Tudo o que Deus faz tem um propósito. Para Deus não existe acaso em nenhuma de suas obras. Tudo tem uma razão.

Os estudiosos descobriram que a águia, pelo fato de fazer voos muito altos e de longas distâncias, não poderia ruflar as asas como um beija-flor, porque assim se cansaria e não poderia ficar por longos períodos no ar. Sendo ela a rainha do espaço, a campeã das alturas, a heroína dos voos longínquos, precisa ter asas grandes e hercúleas. Assim, a águia quando galga as alturas excelsas, simplesmente abre suas asas fortes e, planando no ar, deixa que a força do vento a carregue.

Isso encerra uma lição tremenda para nós. Se queremos também alçar voos altos e atingir longas distâncias, não poderemos voar na nossa própria força, movidos pela nossa própria destreza. Não obteremos grandes resultados trabalhando estribados no nosso próprio esforço. Vamos ficar cansados e fatigados, e os frutos do nosso trabalho serão escassos, se nossa força motriz estiver arraigada em nós mesmos. Na força da carne, vamos ficar estafados, vamos fazer muitos ruídos, vamos ruflar as asas com grande empenho, mas não alcançaremos os horizontes largos de uma vida abundante.

Se queremos atingir as alturas da comunhão com Deus e ter o progresso de uma caminhada rápida e veloz na direção da vontade de Deus, precisamos voar na força do vento do Espírito. Devemos ser guiados pelo vento e voar na direção do vento.

Não é por força nem por poder que avançamos, mas pelo Espírito de Deus. A igreja hoje tem métodos modernos, estrutura sólida, organização eficiente, material humano capacitado, recursos

Dependência do Espírito

financeiros abundantes, mas faz voos rasantes e voa distâncias muito curtas. A igreja precisa conhecer, na prática, a realidade do poder de Deus. Não basta ter boa teologia acerca do poder de Deus; é preciso experimentar esse poder. Não basta ser um teórico das grandes verdades espirituais; é preciso vivenciá-las. A igreja carece de poder para viver uma vida mais pura, mais santa e mais perto de Deus. A igreja precisa de poder para alçar voos mais longos no seu crescimento. A igreja tem caminhado a passos lentos como tartaruga, enquanto Deus quer que ela avance para frente como a águia. A igreja precisa ser impulsionada pelo vento do Espírito. Aquele mesmo vento impetuoso que soprou no Pentecostes precisa soprar hoje também, tirando a igreja de trás das portas fechadas do medo e do comodismo, empurrando-a para fora das quatro paredes. A igreja hoje precisa receber aquele vento poderoso que soprou no vale de ossos secos. Ali reinava a morte e a desesperança. Os ossos eram a casa de Israel. Além de sequíssimos, eles estavam espalhados. O povo de Deus, além de sem vigor, está desunido. Só o vento do Espírito pode reverter esse quadro sombrio. Precisamos ser conduzidos às águas tranquilas. Precisamos ser levados às torrentes copiosas do Espírito. Precisamos beber dos rios abundantes e caudalosos do Espírito de Deus. Precisamos experimentar essas fontes que brotam do interior de todo aquele que crê em Cristo, como diz a Escritura.

Ezequiel 47 traz um quadro sublime dessa verdade. O profeta vê o rio que brota do santuário, debaixo do altar. Nós somos santuário do Espírito (1Co 6.19). Só uma vida que já passou pelo altar, já morreu para o pecado e para o mundo e foi crucificada com Cristo, pode experimentar a doce realidade de uma vida transbordante do Espírito Santo.

Em seguida, o profeta começa a olhar o progresso dessa vida no Espírito. Ele mede as águas, e elas lhe dão nos artelhos: esse é o início da vida cristã. É o começo do discipulado. Depois, ele mede as águas, e elas lhe dão nos joelhos: isso fala da vida de oração. Ninguém pode conhecer a vida de intimidade com o Espírito Santo sem ser levado à prática da oração fervorosa. Depois, ele mede as águas do rio, e elas já estão nos seus lombos: isso fala de reprodução. Quando vivemos no Espírito, nossa vida não pode ser mais estéril. Começamos, então, a

Voando nas alturas

gerar novos filhos espirituais. Quando as águas são medidas de novo, já aparece um rio caudaloso que precisa ser atravessado a nado. Agora, ele é levado pelas águas do rio. Agora não é o seu esforço que o carrega, mas as águas.

O resultado é tremendo. Aonde as águas desse rio chegam, tudo o que outrora estava morto começa a reviver. Quando da nossa vida brotam os rios do Espírito, por onde passamos levamos restauração.

O tremendo nisso é que a águia só voa nas alturas e a longas distâncias quando deixa de lado sua autossuficiência, seus esforços próprios e se deixa levar pela força do vento. Assim também acontece com a igreja; ela só se santifica e cresce à medida que deixa de confiar em si mesma e vive na dependência do Espírito de Deus.

É interessante notar que há outra ave, ao contrário da águia, que tem muita dificuldade de voar: é o albatroz. Seus voos são baixos, curtos e dramáticos. Sobretudo, a aterrissagem é desastrosa. Muitas vezes, o albatroz chega a ferir-se na hora do pouso. Esse fato intrigou os estudiosos, e eles foram averiguar a razão dessa dificuldade. Descobriram, então, que o problema do albatroz é que ele tem o papo muito grande. Por isso, não consegue voar alto nem pousar direito.

Cremos que essa é uma perfeita ilustração para nós. Muitos crentes, apesar de grande esforço, grande barulho, não alcançam voos altos, nem conseguem progresso e crescimento na vida cristã, porque tem o papo muito grande.

No início do meu ministério, um pastor veterano deu-me um conselho. Ele me disse: "Hernandes, no dia em que você encontrar um crente que sempre está fazendo elogios a si mesmo, demonstrando muita autoconfiança, arrotando uma santidade estereotipada, pode saber que você está diante de um crente carnal, diante de um albatroz, e não diante de uma águia".

A Bíblia diz que Deus resiste ao soberbo. A soberba precede a ruína. O que se exaltar será humilhado. Nabucodonosor exaltou-se, e foi comer capim com os animais no campo. Herodes, cheio de empáfia e altivez, não deu glória a Deus, e foi devorado pelos vermes. Toda pessoa que tem papo grande vive uma vida medíocre. Não há nada

Dependência do Espírito

mais mesquinho do que uma pessoa ficar amaciando o seu próprio ego, tecendo elogios a si mesmo, curtindo um narcisismo doentio. Há um ditado popular que diz que lata cheia não faz barulho. Mas lata vazia é só encostar e já está fazendo estardalhaço. A espiga, quando está cheia e madura, nunca fica empinada; só o restolho, chocho, vazio, fica empinado, soberbo. Que Deus nos dê a graça de sermos como a águia que voa na força do vento, e não como o albatroz, que não consegue voar por causa do papo grande.

Capítulo 5

Visão integral

A águia tem a capacidade fantástica de enxergar em todas as direções, por todos os ângulos, em todas as perspectivas. Ela enxerga para frente, dos lados e, com um pequeno esforço da cabeça, também enxerga para trás. Ela enxerga num raio de 360 graus. Sua visão é global. Ela vê tudo, percebe os detalhes e toma sempre a melhor direção. Quando a Bíblia diz que somos como a águia, ela tem algo a nos ensinar quanto a esse assunto.

Os que esperam no Senhor precisam ter uma visão abrangente e dilatada das coisas. O cristão não pode ser uma pessoa bitolada, de mente estreita. Ele não pode apenas enxergar seu microuniverso, como se estivesse olhando por um tubo. O cristão precisa ter uma visão integral e holística das coisas. Ele, que tem a mente de Cristo, deve olhar para a vida como Deus olha.

Existem muitas pessoas que só enxergam seus interesses, só veem o universo ao seu redor pelas lentes de suas escassas experiências. Acham que a verdade está limitada àquilo que elas sabem. Pensam que tudo o que transcende a sua experiência e visão deve ser rejeitado. Rechaçam o que vai para além das fronteiras estreitas de sua visão míope.

Hoje vejo, com preocupação, a polarização dos crentes em relação a muitos assuntos, por falta de uma visão mais aberta e abrangente. Eis alguns exemplos:

1. Em relação à doutrina

Muitas pessoas são tão zelosas da doutrina e da ortodoxia que se esquecem da prática da piedade. A única coisa que lhes interessa é não irem além das Escrituras. Mas não se preocupam em ficar aquém. Para essas pessoas, o importante é ser ortodoxo, ainda que não seja

Visão integral

ortoprático. É triste ver como tantas igrejas que primam pela fidelidade doutrinária são tão frouxas na concessão ao pecado. Brigam tanto pela verdade que se esquecem de vivê-la. São como a igreja de Éfeso, ortodoxa, mas sem amor. Outros, porém, caem no outro extremo. Só se preocupam com a experiência e não sabem nada da verdade de Deus. Tornam-se místicos analfabetos da Palavra. Caem num experiencialismo escorregadio. Envolvem-se com práticas religiosas estranhas à verdade revelada nas Escrituras. Jesus denunciou esse duplo extremismo, quando ergueu seu libelo contra os saduceus: [...] *Este é o vosso erro: não conheceis as Escrituras nem o poder de Deus* (Mt 22.29). Tem muita gente perita em Bíblia, mas analfabeta do poder de Deus. São teólogos, conhecem com perícia invulgar os dogmas, trafegam com desenvoltura pelos textos originais, fazendo acuradas investigações e exegeses esplêndidas, mas estão secos e duros como a pedra, estéreis como o deserto. Não são como a águia. Só olham para um lado da questão. Têm teologia, mas não tem vida, têm Palavra, mas não tem unção.

Por outro lado, há aqueles que querem ser doutores acerca do poder de Deus, fazem barulho e estardalhaço em nome de Deus, prometem milagres e parecem ser donos da agenda de Deus, mas não conhecem nada das Escrituras. Vivem de maneira mística e impressionam as pessoas com gestos grandiloquentes, mas são analfabetos da Bíblia. Vivem mergulhados num subjetivismo alienante e manipulador. Vivem comprometidos com um misticismo herético, traidor da verdade. Esses também são míopes, estrábicos, não têm a visão da águia.

2. Em relação à liturgia

Essa é uma área em que tem existido muita confusão no meio evangélico. Falta discernimento, amor e paciência no trato dessa matéria. Muitos defendem a tese de uma liturgia solene, tradicional, mas acabam caindo numa liturgia fria, gelada e morta. Esses, muitas vezes, afundam no marasmo do ritualismo engessado. Pendem para o lado do cerimonialismo sem vida. Não se abrem para o novo. Cantam sempre os mesmos hinos. Estão sempre na retranca. Para eles, solenidade

Voando nas alturas

é sinônimo de imobilidade e engessamento. A liturgia é algo fechado, decorado, monótono, em que o povo já sabe sempre com antecedência o que vai acontecer. Não há espaço para o povo de Deus abrir o coração e louvar com entusiasmo. Os partidários dessa postura só conseguem extravasar suas emoções quando conversam sobre dinheiro, política ou futebol. Na presença de Deus eles se fecham, se encolhem e prendem suas emoções. Não conhecem os vivas de júbilo, não se deleitam na presença de Deus. Em muitas igrejas, o culto é uma solenidade fúnebre em que não há os sinais vitais do crente. Precisamos erguer nossa voz contra esse extremo, pois o transbordamento de alegria na presença de Deus certamente é melhor do que uma morte ordeira. Um cão vivo realmente é melhor do que um leão morto.

Há outro extremo perigoso e nocivo. Há igrejas em que a liturgia é uma confusão, uma desordem, um emocionalismo exacerbado em que as pessoas se alienam da razão e se lançam numa catarse escapista e irresponsável. Em vez de serem esclarecidas, ficam mais perturbadas. Em vez de serem curadas, ficam mais doentes. Essas posturas conduzem ao anti-intelectualismo, à carismania, ao sobrenaturalismo e à manipulação.

Uma forma litúrgica perigosa hoje é a introdução na igreja dos modelos mundanos. A igreja, por perder a originalidade, a criatividade e a fidelidade, tem copiado o mundo no que ele tem de pior. Assim, opta por musicais que descambam apenas para ritmos sensuais e nada comunicam ao espírito. É por isso que floresce no meio evangélico a ideia da música do entretenimento, *show*, que projeta o homem, faz bem à carne, mas não glorifica a Deus, não eleva o espírito nem edifica a igreja. A música evangélica precisa ter uma origem divina e ser para o louvor de Deus, enquanto leva o pecador a temer o Senhor e a confiar nele.

Precisamos buscar o equilíbrio de uma liturgia em que não joguemos fora os ricos legados do passado nem nos fechemos para a bênção do novo. A liturgia precisa ser com ordem e decência, mas cheia de vida, entusiasmo e calor. Liberdade do Espírito não é sinônimo de confusão e estardalhaço. Ordem e decência não são contrários

Visão integral

à liberdade do Espírito. Que Deus nos ajude a ter discernimento nessa área, nestes dias.

3. Em relação à obra missionária

Devemos ter o discernimento do avivalista do século 18 John Wesley, quando disse: "A minha paróquia é o mundo". Jesus disse que o campo é o mundo. Toda visão missionária que não seja do mundo inteiro não é a visão de Deus. Deus ama as nações. Em Abraão são benditas todas as famílias da terra. Cristo morreu para comprar com o seu sangue os que procedem de todas as tribos, povos, línguas e nações. O propósito de Deus é que a igreja seja luz para as nações e evangelize e faça discípulos em todas as etnias, até os confins da terra. O testemunho da igreja deve cruzar as fronteiras da sua Jerusalém e ir por todo o mundo. Não podemos ficar presos nos limites de quatro paredes. Não podemos investir apenas na igreja local. Temos de alcançar o mundo inteiro em cada geração. Temos de abrir nossa visão. Temos de fazer a obra de Deus aqui com pressa, sem esquecer os campos que branquejam para a ceifa nos rincões mais distantes, dos países mais longínquos. É necessária uma visão abrangente da obra missionária no mundo inteiro. Somos como a águia.

4. Em relação ao avivamento

É triste ver algumas pessoas colocando um muro de separação dentro da igreja, rotulando as pessoas como tradicionais ou avivadas. Sempre é um risco rotular as pessoas. A rotulação é, muitas vezes, preconceituosa, excludente e descaridosa. Normalmente ela provoca mais mal do que bem. É isso que vemos na rotulação de pessoas chamadas tradicionais e avivadas. Qual é a conotação que dão ao tradicional? Hoje, o tradicionalista tornou-se sinônimo de uma pessoa cheirando a naftalina, com cara de museu, irredutível em seu conservadorismo, incapaz de ver qualquer coisa boa em algo que difere da sua visão. Assim, dentro da rotulação, o tradicional é aquela pessoa mais agarrada aos costumes, à tradição e ao passado do que ao fluxo da vida nova em Cristo que deve brotar na igreja a cada hora. Assim, essa pessoa torna-se fechada à obra do Espírito. Ela tem medo de tudo o que é novo. Ela se fecha, se encolhe e rejeita tudo o que não estiver dentro das balizas de suas escassas experiências. Como é triste ver pessoas assim. Elas vivem um arremedo de vida, amargando uma aridez profunda na alma, uma sequidão no coração, um agreste no espírito. Não se abrem à novidade de vida que Cristo oferece, porque têm medo do Espírito Santo, têm medo de descambar, medo de perder o referencial, medo de tornar-se avivadas.

Por outro lado, há aqueles que, no afã de serem avivados, não dão nenhum valor ao legado que receberam. Jogam tudo por terra. Não querem ter vínculo com o passado. Não gostam de história. Não têm raízes. Não querem compromisso com a instituição. Não dão nenhum valor à teologia. Só querem correr atrás de sinais e prodígios. Só buscam milagres; como crianças, só se interessam por guloseimas. Só buscam os benefícios da fé. Só olham o lado deslumbrante da vida cristã. Só estão atrás de um evangelho oba-oba, sem preço, sem custo, sem cruz, sem discipulado.

A verdade não está nos extremos. Devemos ser crentes tradicionais, apegados às verdades de Deus de forma irredutível. Os absolutos de Deus são inegociáveis. Não podemos transigir com a verdade. Não podemos jogar na lata do lixo a nossa teologia. Igreja sem doutrina não tem consistência, não tem firmeza nem fidelidade. Não podemos cortar nossas raízes com o passado. Não podemos colocar no museu a nossa Confissão de Fé. Não podemos jogar fora o rico legado que herdamos dos apóstolos, dos reformadores, dos nossos pais puritanos e de tantos servos fiéis do passado. Não podemos viver como folhas ao vento, sem raiz e estabilidade.

Nosso apego à verdade, longe de fazer-nos recuar a uma vida pobre e medíocre, deve impulsionar-nos a uma vida aberta ao Espírito de Deus. Ortodoxia e piedade não são excludentes, mas verdades que se completam. Precisamos de teologia com piedade, de ortodoxia com unção. Precisamos de doutrina com avivamento, de conhecimento profundo com poder. Precisamos deixar de lado todo radicalismo extremista e ver o equilíbrio que Jesus revelou em sua vida, pois ele se manifestou cheio de graça e de verdade. Nós, também, devemos

Visão integral

crescer na graça e no conhecimento de Jesus. Devemos conhecer as Escrituras e o poder de Deus. Não podemos ter uma visão estreita, tacanha, bitolada e parcial. Nós somos como a águia.

Capítulo 6

Pleno discernimento

A visão é um dos feitos mais prodigiosos da Criação. Nosso olho é mais complexo do que a mais intrincada invenção humana. O olho é um dos órgãos mais extraordinários do corpo. Segundo o famoso oftalmólogo John Wilson, temos mais de 60 milhões de fios duplos encapados em cada olho. Nosso olho é infinitamente mais sofisticado que as mais modernas câmeras de imagens que o homem já inventou.

Uma das coisas mais interessantes que temos em nossa visão é a capacidade de, num quadro geral, focar um ponto específico, concentrando nossa atenção nele, sem perder a imagem global do cenário.

Essa capacidade de dar um *close* num ponto específico de um quadro geral, sem perder a visão do todo, provém do fato de termos em nossa retina um dispositivo chamado fóvea. Isso é algo maravilhoso.

Os cientistas, examinando detidamente a capacidade extraordinária que a águia tem para enxergar a longas distâncias com meticulosa precisão, descobriram que ela tem não apenas uma fóvea, mas três. Descobriram mais, que uma fóvea está apontada para cima, outra para frente, e outra para baixo, de tal maneira que a águia distingue, com clareza, ao mesmo tempo, um alvo em cima, outro na frente e outro embaixo. Isso é algo colossal e estonteante. Esse fato enseja algumas lições tremendas para nós:

1. Precisamos ter uma clara visão do alto

A águia é a única ave que pode mirar o Sol de frente sem ficar deslumbrada. Deus quer que seus filhos vejam o que os outros não podem ver.

Pleno discernimento

Há muitas pessoas que possuem uma cultura enciclopédica, dominam com perícia invulgar os mais intrincados assuntos da ciência. São detentoras de uma mente peregrina e de uma inteligência rara e prodigiosa. Trafegam com grande desenvoltura sobre os grandes temas da cultura geral. Contudo, não têm nenhum conhecimento das coisas lá do alto. Não discernem um palmo na direção dos horizontes celestiais. São analfabetas a respeito das verdades eternas. Estão mergulhadas nas mais densas trevas espirituais. Vivem presas a uma cegueira medonha acerca de Deus, do céu, da eternidade e da salvação de sua alma. Nasceram num berço de trevas. Caminham pela vida sem luz. Ao mesmo tempo que têm mente atilada para desvendar os segredos da ciência, não conseguem discernir as realidades elementares do reino espiritual. Vivem dominadas por uma profunda ignorância espiritual, com os olhos vendados e o coração endurecido.

Os que esperam no Senhor têm uma visão clara da eternidade. Não vivem neste mundo sem esperança, como os hedonistas, epicureus modernos, achando que a vida é só o aqui e agora e a morte é o fim de tudo. Não vivem oprimidos pelo medo de um purgatório aterrador, nem na ilusão de uma reencarnação inexistente.

Os que esperam no Senhor sabem que viverão a eternidade com Jesus, com um corpo glorificado, desfrutando as bem-aventuranças que excedem em sua beleza e fulgor toda descrição humana. Por isso, devemos amar as coisas lá do céu, viver pelas leis do céu e desfrutar antecipadamente as alegrias do céu.

2. Precisamos ter uma nítida visão à nossa frente

Muitas pessoas, quando descobrem as verdades espirituais e começam uma caminhada com Jesus, por não serem bem orientadas, fazem da religião uma rota de fuga e alienação. É triste perceber como existem tantas pessoas hoje que, em nome da fé evangélica, são desconectadas da realidade histórica em que vivem. Dão a impressão de ser verdadeiros alienígenas neste mundo. Não se interessam pelos assuntos e problemas que atingem a humanidade. Fecham-se no esconderijo de sua crença religiosa. Como o avestruz, enterram a cabeça na areia

Voando nas alturas

das desculpas e enjaulam-se no mais sombrio comodismo e na mais criminosa omissão.

Pessoas com essa forma de ver o mundo não se envolvem na vida pública, não se interessam pelos assoberbados problemas que garroteiam os indivíduos, não influenciam o meio em que vivem. São, ao contrário, sal insípido, luz debaixo do alqueire, cauda, e não cabeça.

Como cristãos, não podemos ser pessoas alienadas, que fogem da pugna no certame da vida. Somos um povo de vanguarda. A vida cristã não é fuga; é enfrentamento. Não é colônia de férias; é campo de batalha. Não é para covardes, mas para quem já renunciou à própria vida.

Muitos confundem humildade com covardia e omissão. Acham que o cristão deve ser uma pessoa apagada e desinteressada dos assuntos deste mundo. Pensam que o cristão deve viver apenas no reino espiritual, abandonando por completo sua cidadania terrena. Não é essa, obviamente, a postura bíblica. O cristão precisa estar presente no contexto da vida social, para ser o elemento influenciador, saneador e referencial. A Bíblia fala de homens santos que exerceram grande influência na História porque se envolveram nos assuntos seculares, como José do Egito, Daniel, Neemias e tantos outros. A igreja é a luz do mundo, e não a sombra da História. A igreja deve ser a consciência do mundo, e não uma inocente útil nas mãos dos poderosos deste século.

Deus não deseja que sejamos apenas ativistas históricos, olhando só para frente sem mirar as alturas. Esse foi o grave erro da teologia da libertação. Mas também não faz parte do plano de Deus sermos crentes com a cabeça nas nuvens e sem os pés no chão. Esse é o erro do misticismo alienante. Jesus é para nós o grande modelo. Ele veio do céu. Era do céu. Voltou para o céu. Vivia segundo as leis do céu. Mas jamais foi desinteressado pelos problemas da terra. Ele viveu intensamente o seu tempo, envolvido nos grandes dramas que afetavam as pessoas. Ele não viveu alienado dentro de uma sinagoga, nem encastelado no templo. Seu ministério não foi intramuros. Ele viveu no meio do povo. Ele tinha cheiro de gente. Ele percorria as cidades, cruzava as aldeias, entrava nas casas e tomava refeição com

Pleno discernimento

os pecadores escorraçados pelo legalismo fariseu. Ele conversava com prostitutas, abraçava as crianças, tocava nos leprosos, curava os enfermos e libertava os oprimidos e possessos de espíritos malignos. Seu ministério se deu na rua, na praia, no campo, nos lares. Ele não se fechou num religiosismo estreito nem abraçou uma espiritualidade alienadora. Pelo contrário, onde Jesus estava, o ambiente era impactado e transformado pela sua santa presença. As pessoas eram tocadas pelas suas palavras e abençoadas pela sua ação poderosa. É assim também que viveram os profetas de Deus. É assim que viveram os apóstolos de Cristo. É assim que a igreja deve viver.

Não podemos cair no erro dos pietistas do século 17, que supervalorizavam as coisas espirituais em detrimento das coisas terrenas. Somos como a águia; nossa visão do alto não tolda nossa visão para frente.

3. Precisamos ter uma profunda visão para baixo

A águia, ao mesmo tempo que enxerga um alvo em cima, outro à frente, discerne com diáfana clareza outro embaixo.

A visão da águia, de fato, é algo extraordinário. *Lá de cima ela avista suas vítimas, por mais longe que estejam* (Jó 39.29, Bíblia Viva).

Nossa visão de Deus e da História não pode tirar os nossos olhos dos vales, das regiões abissais do sofrimento, dos grandes fossos onde existem multidões lazarentas, chagadas, famintas, desesperadas, curtindo a dor cruel de uma miséria extrema.

Precisamos ter um coração sensível e compassivo, capaz de converter piedade religiosa em ação concreta e factível de ajuda ao necessitado. Precisamos ultrapassar a fronteira do sentimentalismo piegas que é capaz de chorar diante da dor alheia, mas incapaz de mover uma palha para aliviar essa dor e ajudar a pessoa aflita.

O cristão não dicotomiza a vida, achando que só temos de nos preocupar com a salvação da alma, sem aliviar as pessoas dos fardos pesados que as afligem. O cristão deve ser solidário. Seu amor deve ser prático. O cristão é alguém que abre a mão ao necessitado, dá pão ao

Voando nas alturas

que tem fome, consola o aflito, veste o nu, visita o enfermo, ampara o órfão e a viúva. Como Jó, ele se torna os olhos do cego, as pernas do aleijado e o pai dos desamparados (Jó 29.15).

Não basta a igreja fazer belos discursos sobre o amor de Deus, se ela não representa o braço da misericórdia divina na vida dos aflitos e necessitados. Precisamos entender que somos o corpo de Cristo na terra. Jesus fala a um pecador moribundo através da nossa boca. Ele visita o enfermo quando vamos ao seu encontro no leito de dor. Ele alimenta o faminto quando abrimos a mão e a despensa da nossa casa para socorrê-lo.

Os que jazem no vale da vida esperam de nós mais do que belos e retóricos discursos. Eles necessitam de uma mão estendida, de um coração aberto, capaz de oferecer uma ajuda real e factível.

No Brasil, vivemos numa sociedade marcada por grande e profunda injustiça social. Enquanto uma minoria privilegiada detém grande parte da riqueza, vivendo no luxo nababesco, uma maioria esmagadora sofre a triste realidade de uma pobreza aviltante. Muitos concidadãos nossos, por não terem acesso à educação, vivem desempregados ou subempregados. Por não terem acesso à assistência médica digna, veem suas forças ser minadas pela doença. Assim, despossuídos e marginalizados, enfrentam o drama da fome, da submoradia, da escassez e da humilhação a golpeá-los com desmesurado rigor. Muitos pais contemplam com os olhos embaçados de tristeza o choro sofrido de seus filhos, dormindo com fome, amontoados no chão, sem uma cama para dormir, sem um pedaço de pão para comer.

Nessa chocante realidade, não podemos fechar o nosso coração. Seremos severamente julgados no dia do juízo se sonegarmos pão ao faminto e misericórdia ao aflito (Mt 25.31-46).

O povo de Deus não pode fazer parte daqueles que gananciosamente ajuntam e acumulam apenas para si mesmos e insaciavelmente querem sempre mais para esbanjar em seus próprios deleites. O povo de Deus deve amar a misericórdia (Mq 6.8), exercitar o amor, estender a mão ao necessitado, levantar o caído, enxugar a lágrima do aflito, ser um bálsamo para a alma do desconsolado.

Pleno discernimento

Não podemos passar pela vida indiferentes aos gemidos agônicos daqueles que estão feridos, à beira do nosso caminho, como fizeram o sacerdote e o levita (Lc 10.31, 32). Precisamos ser os agentes da bondade de Deus. Como a águia, não podemos perder a visão das regiões baixas onde há gemidos e soluços e gritos de socorro. Devemos ter a compaixão de George Müller, que cuidava de milhares de crianças carentes em Bristol. Devemos revelar interesse palas pessoas marginalizadas como Robert Raikes, fundador da Escola Dominical em Gloucester, na Inglaterra, em 1780, ensinando a Palavra e educando crianças de rua. Devemos manifestar a misericórdia de Deus como o fizeram muitos missionários, tais como David Brainerd, David Livingstone, Hudson Taylor, que se doaram para ver salvos os perdidos.

Capítulo 7

Liberdade sim, cativeiro não

A águia é uma ave que ama a liberdade. Ela tem intimidade com as alturas. Não sabe viver em cativeiro. Não consegue viver em gaiola. Não sobrevive enjaulada nos zoológicos. Ela morre, mas não fica cativa. Ela não aceita outra condição para a sua vida que não a liberdade.

Esse é um princípio tremendo para nós. Os que esperam no Senhor são como a águia. Nós também fomos chamados para a liberdade. Para a liberdade foi que Deus nos libertou (Gl 5.17). Deus nos libertou do império das trevas (Cl 1.13). A verdade de Deus trouxe-nos liberdade (Jo 8.32). Jesus Cristo libertou-nos verdadeiramente (Jo 8.36). Somos livres!

Com base nesse princípio, chamo sua atenção para algumas implicações práticas:

1. O cristão não pode viver cativo com medo do diabo

Há crentes que vivem roendo as unhas, tremendo, assustados, com medo do diabo. Sentem-se acuados. Perdem a alegria da comunhão com Deus de tanta preocupação com o diabo. Deixam de deleitar-se nas verdades celestiais, privam-se das delícias do banquete de Deus porque vivem às voltas com uma fobia doentia que lhes rouba toda a alegria de viver assentados com Cristo nas regiões celestiais. Há até igrejas que falam mais no diabo do que em Jesus. Atribuem ao príncipe das trevas quase tudo o que acontece. Roubam de Deus suas providências, Seus gestos de juízo e disciplina e até de providente cuidado, e fazem do diabo o protagonista de quase tudo. Há pessoas que veem demônios em cada esquina, em cada canto da casa. Uma dor de cabeça que pode ser resolvida com uma aspirina é atribuída à ação do diabo. O pneu de um carro que fura no trânsito, é o diabo. Assim,

Liberdade sim, cativeiro não

essas pessoas superestimam o diabo, temem-no, fazem o seu jogo e tornam-se inocentes úteis em suas mãos.

A Bíblia diz que nós não recebemos espírito de medo (2Tm 1.7). A Bíblia em lugar nenhum nos manda temer o diabo, mas resistir a ele. O diabo é das trevas. Ele não suporta a luz. Ele não aguenta a verdade. Ele só sobrevive com máscara. A Bíblia diz que Jesus recebeu todo o poder e toda a autoridade no céu e na terra. Se Jesus recebeu todo o poder e toda a autoridade, então não sobrou poder nem autoridade para o diabo. O diabo é astuto, mas só Jesus é Todo-poderoso. O diabo não tem autoridade nem no inferno. As chaves da morte e do inferno estão nas mãos de Jesus, e não nas mãos do diabo (Ap 1.17,18). Se estamos com Jesus, somos mais do que vencedores. Se estamos com Jesus, podemos todas as coisas. Jesus se manifestou para destruir as obras do diabo (1Jo 3.8). Jesus já triunfou sobre o diabo e suas hostes na cruz e os despojou, expondo-os ao opróbrio e desprezo (Cl 2.14,15). Jesus é o mais valente e o mais forte que venceu o diabo, despojou-o, tirou-lhe a armadura em que confiava e dividiu-lhe os despojos (Lc 11.22).

Agora recebemos autoridade sobre o diabo e seus demônios (Lc 9.1). Não precisamos temê-los, mas devemos expulsá-los pelo poder do nome de Jesus (Mc 16.17), sabendo que em breve Satanás será esmagado debaixo dos nossos pés (Rm 16.20).

2. O cristão não pode viver cativo do pecado

O cristão é aquele que resiste ao pecado até o sangue (Hb 12.4). Prefere morrer a ser cativo do pecado. Prefere arriscar sua vida, como Daniel o fez, a participar das iguarias do mundo. Prefere ir para a fogueira, como os amigos de Daniel o fizeram, a ser infiel a Deus. Prefere ir para a cadeia, mofando atrás das grades como José do Egito, mas com a consciência limpa, a capitular ao pecado. Prefere ser apedrejado, como Estêvão, a recuar no seu testemunho fiel. Prefere tombar no campo de batalha, degolado como Paulo, a ceder às pressões do pecado e às seduções do mundo.

Voando nas alturas

O cristão autêntico não consegue viver com máscaras como Judas. Nos seus lábios não existe a confissão da mentira como nos lábios de Ananias e Safira. Quem está em Cristo é nova criatura, ou então não está em Cristo. Isso é axial. Se somos de Jesus, devemos andar como Jesus andou (1Jo 2.6). Se somos nascidos de Deus, não vivemos na prática do pecado (1Jo 3.9). Se andarmos na luz, não temos comunhão com as trevas. O verdadeiro crente não transige com o pecado como Geazi. Não vive com o pé no laço do passarinheiro nem com o pescoço na coleira do pecado. Ele não sabe viver em cativeiro. Não é escravo da mentira. Não é dominado pela impureza. Não é servo do orgulho. Ele é livre.

É triste ver hoje tantas pessoas que frequentam a igreja, são alunos da Escola Dominical, estudam a Bíblia, mas ainda vivem em cativeiro. Há pessoas escravas das drogas. Há pessoas que não se libertaram do vício do cigarro. Há outras que são dominadas pelo álcool. Há aqueles que são cativos da impureza. Vivem com a mente entulhada de pornografia, com o coração entupido de volúpia. Há jovens crentes cujo namoro é um poço de sensualidade desbragada. Capitulam aos desejos inflamados da carne. Há crentes que ainda não se libertaram da glutonaria. Vivem para comer, e não comem para viver. Há pessoas cujo nome está no rol de membros da igreja, mas são cativas da ganância como Geazi, amantes da primazia como Diótrefes, fofoqueiras como Doegue, delatoras como Alexandre, o latoeiro, e traidoras como Judas.

É escandaloso ver como vivem muitas pessoas que se dizem crentes. Elas não aparentam nenhuma diferença em relação aos que não conhecem Deus. Elas mentem do mesmo jeito, buscam vantagens fáceis nos negócios e não resistem às propostas corruptoras. Sonegam, burlam as leis, driblam o fisco, capitulam às propinas, vendem sua consciência, negociam seus valores absolutos, mercadejam a verdade. Outras praticam as próprias coisas que condenam. Seus lábios estão cheios de vanglória. Seu coração é soberbo. Seus olhos estão cheios de lascívia. Suas mãos estão cheias de iniquidade. Suas vestes estão contaminadas pela sensualidade. Seus pés se apresam para as veredas do pecado. São crentes, frequentam a igreja, mas estão cativos. Estão na jaula do adversário.

Liberdade sim, cativeiro não

3. O cristão não pode viver cativo da omissão

Há crentes que são agentes secretos de Jesus. Não se identificam como embaixadores do Rei. Sua vida é tão insípida e tão inexpressiva que ninguém nota que eles são de Jesus, se é que são. Vivem calados, quando se trata de falar de Jesus. São destemidos para falar de futebol. São ágeis para discursar sobre a moda. Conversam com desenvoltura sobre os filmes de sucesso. Conhecem os atores famosos, têm destreza em conversar sobre os grandes temas da atualidade, mas não abrem a boca para falar de Jesus. Têm medo. São covardes. São omissos. Estão cativos! A igreja de Deus não pode ser um exército de mudos. Evangelho é proclamação de boas-novas. A fé vem pelo ouvir. Não podemos guardar esse tesouro apenas para nós. Se nos calarmos, seremos tidos como culpados. A cada dia que deixamos de falar do evangelho, multidões perecem na perdição eterna, e o sangue delas cairá sobre nós. Nosso coração deve arder de paixão pelas almas. Temos de proclamar a tempo e fora de tempo. Temos de sair do cativeiro da omissão. Temos de gerar filhos espirituais. Temos de arrebatar aqueles que estão no fogo, prestes a cair no abismo da perdição eterna. Temos de recolher os que estão nas encruzilhadas da dúvida e abandonados à beira dos caminhos e levá-los ao banquete da salvação. Temos de entrar na casa de pessoas escorraçadas pela sociedade, ainda que escandalizando os fariseus radicais, para levar a esperança do evangelho de Cristo, que veio buscar e salvar o perdido. Temos de percorrer cidades e povoados, aldeias e vilas, e pregar o evangelho no templo, nas casas, nas praças, na praia ou em qualquer outro lugar. Somos livres para sair e semear, ainda que com lágrimas. Povo de Deus, vamos sacudir de sobre nós o jugo da omissão criminosa. Vamos sair para fora dos nossos muros e tocar a buzina de Deus, chamando todos ao arrependimento, pois o dia do juízo se aproxima.

Capítulo 8

Fidelidade, a base de um casamento feliz

A águia tem uma característica muito interessante. Ela não é como as outras aves na área do acasalamento. As aves domésticas não observam a lei da relação restrita. Apenas um galo, por exemplo, cobre dezenas de galinhas. O comportamento da águia é diferente. Ela observa o princípio da fidelidade ao seu parceiro.

Cremos que esse é um dos mais importantes princípios para o homem em todos os tempos. A fidelidade conjugal é a base de todo casamento estável e feliz. Sem fidelidade, a relação se torna vulnerável. A infidelidade destrói a confiança, sufoca o amor, mata o respeito, acaba com a transparência, suscita o ciúme e empurra o casal para uma crise de consequências imprevisíveis. A infidelidade é uma traição, é uma maldade, é uma violência que destrói o casamento, desestabiliza os filhos, adoece emocionalmente as pessoas envolvidas, abre feridas incuráveis, suscita ódio, prejudica a igreja, perturba a sociedade e desagrada a Deus. A infidelidade desfibra as pessoas moralmente. Sempre que as pessoas caem nessa rede, tornam-se mentirosas, cínicas e evasivas. Perdem a autenticidade, conspurcam a honra, enlameiam o nome, envergonham a família, promovem escândalo e desonram Deus.

A infidelidade conjugal tem um preço muito alto. Suas consequências são terríveis. Ela não destrói apenas os que se entregam à volúpia; prejudica muita gente inocente ao redor. Ela apunhala o cônjuge traído. Ela arrebenta a saúde psicológica e emocional da família. Ela gera dor e vergonha. Provoca mágoa e ódio. A infidelidade tem sido a causa de muitas mortes, de muitos crimes violentos, de muitas atrocidades na História. A infidelidade tem levado muitas famílias à falência, à pobreza, à miséria e à penúria. A infidelidade, em geral, desemboca no divórcio, e as infelizes reverberações deste não se apagam mesmo com o passar dos anos.

Fidelidade, a base de um casamento feliz

É triste constatar que esse princípio elementar e básico para a preservação da família está sendo tão atacado nos dias de hoje. As telenovelas induzem as massas incautas a pisotear os valores absolutos e a rasgar todos os códigos da decência. Vivemos numa sociedade em que a instituição do casamento está sendo torpedeada por todos os lados. Hoje as pessoas trocam de cônjuge como se troca de roupa. O homem moderno não quer compromisso. Ele não tolera uma ética rígida. Não suporta valores graníticos. Vive dominado apenas pelos seus desejos pervertidos. Sua ética é situacional. Seus valores são relativos. Para ele, não existe o certo e o errado. Não existem fronteiras e limites. O casamento monogâmico e monossomático é uma prisão enfadonha. Sua mente não tolera os princípios de Deus. Seus ouvidos não suportam a verdade. O homem moderno zomba de Deus, pisa com escárnio em sua Palavra, tripudia sobre os mandamentos das Escrituras e vive sem freios, segundo o curso do mundo, segundo a vontade da carne, seguindo seus pensamentos loucos, no cabresto do diabo. O homem moderno só vive para o prazer imediato. Ele não busca a verdade. Não anda na verdade. Seu propósito é satisfazer seus desejos, é atender aos ditames do seu coração enganador e corrupto; por isso ele cai sem resistência nessa trama diabólica do adultério e se entrega no altar aviltante da infidelidade, oferecendo seu corpo como sacrifício imundo do pecado.

Contudo, o que nos choca profundamente é que essa prática tão condenável já está se tornando bastante comum também nos arraiais evangélicos. Cresce assustadoramente no meio evangélico o número de divórcios. Assombra-nos o fato de ver nossa juventude, em sua maioria, ir para o casamento já com experiências sexuais. A virgindade é coisa rara, inclusive no meio da juventude cristã. Se o povo que deveria ser luz está em trevas, que grandes trevas serão então o mundo sem Deus!

Queremos discutir esse assunto de infidelidade e adultério olhando para a vida de um homem piedoso, que andou com Deus, foi temente a Deus, mas não vigiou e, por isso, soçobrou ante à tentação. Por causa de um prazer efêmero, cometeu grandes atrocidades e colheu os frutos amargos como consequência de seu pecado a vida inteira. Esse homem é Davi. Leia o texto de 2Samuel 11. Nele vemos o retrato de um homem que matou um leão, derrotou um urso, venceu um gigante, conquistou terras, venceu exércitos, mas foi derrotado pelas suas próprias paixões. Veja nesse texto a radiografia de uma queda, o retrato de um caso extraconjugal:

1. Ociosidade. [...] *Davi se levantou da sua cama* [...] (2Sm 11.2). Os soldados de Davi estavam em guerra, enquanto ele ficou em casa. Fazendo o quê? Diz o texto que ele numa tarde levantou-se do leito. Aquela não era hora para dormir. Não era hora para a ociosidade. Foi por causa de sua ociosidade que ele ficou passeando no terraço do palácio real, sem compromisso, sem agenda. Esse foi o primeiro degrau da queda.

2. Solidão. [...] *Mas Davi ficou em Jerusalém* (2Sm 11.1). A solidão é um grande perigo. Toda pessoa que se isola torna-se presa fácil da tentação. Se Davi estivesse no campo aceso da batalha com os seus soldados, não teria tombado, vencido pelas próprias paixões.

3. Concupiscência dos olhos. [...] *Do terraço ele viu uma mulher que tomava banho; ela era muito bonita* (2Sm 11.2). Davi caiu porque viu. Seu olhar lascivo criou nele um desejo incontrolado. Acendeu em seu coração um fogo inextinguível. A cobiça dos olhos foi o laço que o diabo usou para derrubar Eva, Siquém, Acã e tantas outras pessoas na História.

4. Perigo à frente; não avance. *Davi perguntou quem era* [...] (2Sm 11.3). Davi deu corda ao pecado. Ele caminhou na direção do perigo. Ele flertou com a tentação. Ele abriu espaço para que o desejo lascivo o dominasse. Até aqui as coisas pareciam casuais. Mas, agora, Davi deliberadamente corre na direção da tragédia. Sua curiosidade é movida por sua paixão. Ele está a um passo da queda.

Fidelidade, a base de um casamento feliz

5. Tapando os ouvidos para as advertências de Deus. [...] *Disseram-lhe: Ela é Bate-Seba, filha de Eliã, mulher de Urias, o heteu* (2Sm 11.3). Urias era um dos valentes de Davi (2Sm 23.39). Era homem de confiança de Davi. Aquela informação era um aviso solene de Deus para Davi não se envolver no caso. Davi não respeitou nenhuma advertência. Ele não honrou Deus. Não honrou seu fiel soldado. Não honrou sua família. Não respeitou a si mesmo. Tapou os ouvidos a todas as trombetas de Deus que soavam em seu coração.

6. Capitulando-se ao pecado. *Então Davi mandou buscá-la; e ela foi até ele, e ele se deitou com ela* [...] (2Sm 11.4). Davi não conhecia os seus limites. Ele brincou com o pecado, e foi vencido por ele. Brincou com fogo, e queimou-se. Deu guarida à tentação, e foi dominado por ela. Aquele que tivera tantas vitórias pelo poder de Deus, agora naufraga vergonhosamente porque endureceu o seu coração.

7. O preço do pecado. *A mulher engravidou e mandou dizer a Davi: Estou grávida* (2Sm 11.5). O prazer do pecado dura pouco. Davi teve algumas horas de intenso prazer, enquanto estava com Bate-Seba na cama, mas uma vida toda de desgosto por causa desse pecado. Quantas lágrimas, quanta pressão, quanta vergonha, quanto opróbrio, quanta mentira, quanto sangue derramado, quantas famílias atingidas. A traição tem um custo alto demais. A infidelidade é doce ao paladar, mas amarga e venenosa ao estômago. Agora Davi precisa enfrentar a dura realidade de seu pecado. Daí por diante, acabou ficando enlaçado nas cordas de suas próprias falhas.

8. O esforço para esconder o pecado. Davi tentou vários expedientes para encobrir o seu pecado (2Sm 11.6-27).

1º — *Enganar o marido de Bate-Seba.* Cinicamente mandou chamar Urias, marido de Bate-Seba, da guerra para que ele dormisse com sua mulher. Assim, ninguém descobriria que Davi era o pai da criança. Mas Urias era mais nobre que o rei Davi e se recusou a ficar com sua mulher, sabendo que seus companheiros estavam em guerra.

Davi o embebeda, mas Urias ainda assim não cede às pressões de Davi (2Sm 11.6-13).

2º — *Fazer queima de arquivo.* Davi, sem nenhuma compaixão, manda matar Urias pela espada dos inimigos. Urias leva a sua própria sentença de morte. Davi torna-se um monstro frio, calculista, maquiavélico (2Sm 11.14).

3º — *Ser frio diante de suas atrocidades.* Davi manda matar Urias. Traça a estratégia de como ele deveria morrer. Envia essas estratégias pelas mãos da própria vítima. Tudo foi montado para parecer que o crime não passava de um simples acidente de guerra. Assim aconteceu: Urias foi morto. Davi recebe a notícia esperada, com calma, tranquilidade. Seu coração está duro. Sua consciência, cauterizada. O rei tornou-se louco, pois agiu com covardia, crueldade e frieza (2Sm 11.25).

4º — *Casar-se com a viúva desamparada.* Seu gesto pareceu bonito aos olhos da nação. Foi um gesto de grandeza: amparar uma viúva grávida. Acolher uma mulher solitária e necessitada. Os olhos humanos não perceberam nada. Tudo foi profissionalmente encoberto. Foi um crime perfeito. Não deixou pista para nenhum detetive (2Sm 11.26,27). Mas diz o versículo 27 que o pecado de Davi [...] *desagradou o SENHOR.* Deus vê todas as coisas. [...] *Deus não se deixa zombar. Portanto, tudo o que o homem semear, isso também colherá* (Gl 6.7).

9. O peso da mão de Deus. O pecado não fica sem julgamento. Davi escondeu seu pecado dos outros, mas não conseguiu livrar-se de sua consciência. No Salmo 32 ele conta o que lhe aconteceu enquanto escondeu o seu pecado:

a) Seus ossos envelheceram (v. 3).

b) Ele gemia de angústias diariamente (v. 3).

c) Sentia o peso da mão de Deus de dia e de noite (v. 4).

d) Seu vigor murchou; a alegria foi embora de sua vida (v. 4).

Fidelidade, a base de um casamento feliz

Davi está no trono reinando, resolvendo os problemas dos outros, mas não tem paz. Sua vida é um inferno.

10. As consequências terríveis do pecado. Foram muitas as consequências do pecado de Davi:

a) A criança, fruto do pecado, morreu, a despeito das intensas orações de Davi (2Sm 12.15-18).

b) Davi foi desmascarado publicamente. É a vergonha. O que ele fez em oculto, todo o seu povo ficou sabendo, e as gerações, ao longo dos séculos, ainda comentam esse pecado de Davi (2Sm 12.7-9,12).

c) Da sua casa nunca mais se apartou a espada (2Sm 12.1,11). A mesma crueldade que fez com Urias voltou-se contra ele. Sua família passou a ser um campo de guerra. Agora não eram soldados que estavam morrendo, mas seus filhos. Amnom estupra Tamar. Absalão mata Amnom. Absalão abusa sexualmente das concubinas do pai em público e conspira contra o pai para matá-lo. Absalão morre nessa perseguição. Mais tarde, Salomão mata o irmão Adonias. Essa tragédia familiar é a consequência de uma hora de prazer, de um momento de irreflexão, de um pecado de infidelidade. A infidelidade desonra Deus, destrói a família, traz opróbrio e vergonha e arrebenta os transgressores.

Precisamos entender que os valores de Deus não mudam. Ainda que a sociedade à nossa volta se desfibre e perca o referencial de certo e errado, caindo no fosso de um relativismo imoral, não podemos ceder às pressões. Não podemos imitar o mundo. Precisamos ter coragem para ser diferentes. Não podemos conformar-nos ao pecado. Não podemos acostumar-nos com ele. Não podemos criar mecanismos para justificá-lo nem podemos contemporizar. Precisamos repudiar o pecado da infidelidade com todas as forças da nossa alma. Precisamos erguer nosso brado de protesto contra essa prática tão nociva à estabilidade e felicidade da família. É tempo de a igreja levantar sua voz profética e condenar, sem rodeios, essa transgressão abominável. É tempo de curar as feridas do povo. É tempo de resgatar os lídimos valores de uma ética sadia, em que Deus seja honrado, a família

Voando nas alturas

protegida e a sociedade saneada. Que sejamos como a águia. Fidelidade não é opção; é imperativo divino.

Capítulo 9

Quebrantamento e renovação

Uma das características mais interessantes da águia é sua renovação. Davi expressou essa ideia em Salmo 103.5: [*Deus é*] *quem te supre de todo bem, de modo que tua juventude se renova como a da águia.* Como se dá esse processo? A águia, quando começa a sentir que suas penas estão ficando velhas e enferrujadas, quando começa a perceber que seu bico já não está tão afiado e forte, quando descobre que suas garras já estão enfraquecendo, toma uma medida drástica, quase traumática, para sair desse quadro desolador. O que ela faz?

1. A primeira coisa que a águia faz é interromper suas atividades

A águia não prossegue seu trabalho, seus voos, sua caça, suas aventuras. Ela para, interrompe suas lides. Fecha sua agenda, cancela seus compromissos. Essa é uma forte lição para nós. Há momentos em que a melhor ação é ficar parado. Nem sempre é prudente avançar. Deus não está interessado em ativismo. Ele está mais interessado no que somos do que naquilo que fazemos.

Os filhos de Eli foram mortos, e Israel foi derrotado pelos filisteus, porque levaram a arca da aliança para o arraial, achando que a simples presença da arca os livraria das mãos do inimigo. A arca foi roubada, o povo foi derrotado e morto. A glória de Deus apartou-se de Israel, porque ele estava vivendo em pecado, estava fazendo a obra de Deus com uma vida maculada de iniquidade. Em vez de ir para a guerra, ele deveria ter ficado parado, fazendo um exame meticuloso de sua vida, arrependendo-se de seus pecados. Ativismo sem santidade gera trovões, mas não traz a chuva fresca e restauradora. Trabalho sem vida não produz frutos que agradam a Deus.

Depois da restauração do cativeiro babilônico, o povo judeu voltou para Israel em três levas: uma sob a liderança de Zorobabel,

Quebrantamento e renovação

para a reconstrução do templo; outra sob a liderança de Esdras, para o ensino da Lei; e ainda outra sob o comando de Neemias, para a reconstrução dos muros da cidade. Nesse tempo, os profetas Ageu e Zacarias exortaram o povo a envidar esforços para a reconstrução do templo. Houve grande despertamento. Houve restauração. Houve cura, e o povo experimentou um abençoado avivamento. Contudo, cerca de cem anos se passaram, e uma nova geração despontou. Novos líderes surgiram, e a nação voltou a perder o fervor. O povo continuou com o aparato religioso, mas perdeu a comunhão com Deus. Continuou trabalhando, indo ao templo, fazendo sacrifícios, mas Deus não estava agradando-se dele nem de suas ofertas. Deus então levantou o profeta Malaquias para denunciar o pecado do povo. Esse mensageiro do Senhor embocou suas trombetas contra Israel para dizer que Deus estava mais interessado no que eles eram do que naquilo que faziam. Malaquias ergue seu libelo de condenação e revela os pecados do povo:

1º — *desprezo do amor de Deus* (1.2-4).

2º — *desprezo do nome de Deus e do altar* (1.6-14).

3º — *desprezo da fidelidade conjugal* (2.10-16).

4º — *desprezo do juiz de Deus* (2.17—3.5).

5º — *desprezo da comunhão com Deus* (3.6,7).

6º — *desprezo da fidelidade nos dízimos* (3.8-12).

7º — *desprezo da fidelidade ao serviço de Deus* (3.8-18).

Deus chega a tal ponto de desgosto com o ativismo religioso do povo, sem o respaldo da vida, que diz: *Ah, se houvesse entre vós alguém que fechasse as portas, para que não acendêsseis em vão o fogo do meu altar! Eu não tenho prazer em vós, nem aceitarei vossa oferta, diz o* SENHOR *dos Exércitos* (Ml 1.10).

Deus fez o mesmo com Caim. Porque não aceitou a vida de Caim, rejeitou a sua oferta (Gn 4.5). Jesus disse que é melhor deixar a oferta no altar e ir primeiro acertar as pendências com as outras pessoas e só depois consagrá-las a Deus (Mt 5.24). Deus está mais

Voando nas alturas

interessado no que você é do que naquilo que você faz. Trabalhar sem vida é infrutífero. Ativismo sem santidade não agrada ao coração de Deus. Precisamos aprender com a águia.

2. A segunda coisa que a águia faz é isolar-se no alto dos penhascos

A águia é uma ave solitária. Ela não voa em bandos. Sobretudo, quando está nesse processo de autorrenovação, ela alça um voo altaneiro, galga as alturas mais excelsas, refugia-se no cume dos mais altos penhascos. Ali ela fica sozinha, isolada, enfrentando a sua própria realidade.

Essa é uma lição tremenda para nós. Há momentos em que precisamos sair do meio da multidão, deixar a coletividade e mergulhar em nossa própria intimidade. Há momentos em que precisamos deixar o barulho febril dos encontros festivos para recolher-nos em um profundo autoexame.

É prudente fazer como Jacó, que, numa noite fatídica em sua vida, quando se via encurralado pela sua consciência, ameaçado pelo seu irmão, não podendo mais prosseguir sem ter um acerto e conserto em sua vida, ficou só, no vau do Jaboque. Ali Deus lutou com ele. Ali Deus venceu as resistências de Jacó. Ali Deus tocou a vida de Jacó. Ali Deus salvou Jacó. Ali Deus libertou Jacó do medo e das garras do seu irmão (Gn 32.22-32). Foi na solidão do deserto que Deus chamou Moisés para libertar o seu povo da tirania do faraó. Foi na solidão da caverna que Deus falou com Elias para não capitular às ameaças de Jezabel, mas para erguer a cabeça e cumprir cabalmente o seu ministério.

Precisamos fazer também os nossos retiros não na direção das multidões, mas da solidão, para um acerto da nossa vida com Deus. Charles Finney, sempre que percebia que a unção do Espírito se escasseava em sua vida, parava suas pregações, deixava as cruzadas de evangelização e se isolava, ficando a sós com Deus. Ali derramava a sua alma. Ali quebrantava o seu coração e buscava a restauração do alto. Só saía depois que sentia o óleo fresco do Espírito escorrendo sobre sua cabeça.

Quebrantamento e renovação

O próprio Filho de Deus, mesmo com trabalhos tão intensos, a ponto de muitas vezes não dispor de tempo para comer, jamais deixou de ter seus momentos a sós com o Pai. Ele passava noites inteiras em oração. Isolava-se do barulho febril das multidões e das afamadas lides e ia para os montes onde, ficava face a face com o Pai, em deleitosa e solitária comunhão. Cremos que, se desejamos falar às multidões, precisamos aprender a ficar a sós com Deus. Nossas palavras às pessoas se tornarão um eco vazio se não gastarmos tempo com Deus. Precisamos aprender a falar dos homens para Deus primeiro e depois falarmos de Deus para os homens.

3. A terceira coisa que a águia faz é arrancar suas penas velhas

A águia, ao chegar ao cume do penhasco, começa a arrancar com o bico uma a uma as suas penas. Não poupa a si mesma dessa dor intensa. As penas são todas arrancadas. Seu corpo vai ficando desfigurado, à medida que ela aplica a si mesma esses golpes severos. Sua medida é drástica, e sua postura é radical. Sua atitude não é nada complacente consigo mesma. Trata-se com austeridade. Não se poupa das dores mais fortes.

Cremos que esse gesto da águia tem muito a nos ensinar. Se desejamos ter uma vida nova com Deus, uma vida abundante, cheia de vigor e poder, precisamos também ter a coragem de descartar muito peso inútil da nossa vida. Precisamos ser despojados de muita bagagem que carregamos e que nos retarda na caminhada. Precisamos deitar fora nossas vestes contaminadas pelo pecado, nossas roupagens maculadas de iniquidade. Se queremos subir à presença de Deus em Betel, como Jacó, precisamos lançar fora os ídolos da nossa casa, tirar as vestes sujas do pecado e purificar a nossa vida (Gn 35.1-3). É preciso ter coragem para arrancar as penas velhas que nos cobrem. É preciso ter ousadia para remover de nós hábitos já arraigados. É preciso ter determinação para romper e quebrar as ataduras do vício que se incrustaram em nossa vida, trazendo-nos profundo enfraquecimento.

Não há restauração sem reforma. Antes de edificar e construir, é preciso derrubar e demolir. Antes de a semente frutificar, ela precisa morrer. Antes da renovação, vem o despojamento. Antes do avivamento, vem o quebrantamento.

A águia, depois que acaba de arrancar todas as penas, fica num estado deplorável. Seu corpo parece mutilado. Sua aparência fica desfigurada. Contudo, depois de alguns dias, começam a nascer penas novas, lindas e fortes. Ela se remoça. Tudo se faz novo. Ela ganha uma nova aparência. Torna-se bela, encantadora, deslumbrante. Assim também acontece com aqueles que esperam no Senhor e passam por esse processo de quebrantamento. Aqueles que se humilham são exaltados. Aqueles que tiram as vestes sujas são cobertos por vestes alvas. Aqueles que sacodem o jugo de uma vida presa ao pecado desfrutam as delícias de uma intimidade com Deus. Aqueles que se despojam do velho homem são renovados para uma vida nova, cheia de vigor e poder. Aqueles que se quebrantam e se arrependem e abandonam o pecado são restaurados por Deus para viver em novidade de vida.

4. A quarta coisa que a águia faz é esfregar o seu bico na rocha

A águia não apenas arranca as penas velhas, mas, quando percebe que seu bico já está ficando fraco, impotente e cheio de crosta, ela o esfrega fortemente na rocha; esfrega-o, esfrega-o, até ficar em sangue vivo. Após esse processo doloroso, ela fica totalmente desfigurada, mas dias depois cresce um bico novo e forte como o aço.

Cremos que não deve ser diferente conosco. Nós também precisamos passar por essa experiência. Precisamos colocar a nossa boca no pó. Precisamos remover muitas coisas velhas dos nossos lábios. Retirar palavras torpes, piadas imorais, críticas desairosas, acusações levianas. Precisamos limpar os nossos lábios de crostas que enfraquecem e comprometem a nossa comunicação. Nossa língua deve ser uma fonte a jorrar palavras de vida. Devemos ser atalaias da verdade, e não portadores da mentira. Devemos ser pregoeiros da esperança, e não arautos do caos. Devemos ser mensageiros da paz, e não instrumentos da discórdia. Nossa língua deve ser remédio, e não veneno; canal da vida, e não arma da morte.

Quebrantamento e renovação

Precisamos colocar também a boca no pó, pedindo a Deus que toque os nossos lábios com as brasas vivas do altar, tirando deles a iniquidade e a impureza e derramando sobre eles a unção fresca do Espírito, a fim de que falemos com graça e poder, anunciando a boa-nova da salvação. Precisamos ser boca de Deus (Jr 15.19). Necessitamos que a Palavra de Deus em nossa boca seja a verdade (1Rs 17.24). Precisamos ser voz de Deus, e não apenas um eco (Lc 3.4). Mas para isso é preciso esfregar o nosso bico na rocha. Que Deus nos dê ousadia para passarmos pela escola do quebrantamento.

5. A quinta coisa que a águia faz é bater suas garras na rocha

Nesse processo de autorrenovação, quando percebe que suas garras já estão fracas e impotentes, a águia bate-as com força sobre a rocha várias vezes até que aquela camada envelhecida e calosa seja arrancada, ficando em carne viva. Ela fica toda ensanguentada, sob o flagelo de dores crudelíssimas. Todavia, após esse processo de auto-flagelação e quebrantamento, as garras começam a brotar com toda a pujança e todo o vigor, fortes como o ferro, e ela fica completamente renovada. Agora, remoçada, revitalizada, ela desce das alturas para dar continuidade à sua vida e às suas atividades.

Devemos nós também afiar as nossas garras, retirando delas toda crosta calosa. As garras são os instrumentos de batalha que a águia usa para capturar suas presas. São as armas de combate da águia. Nossas armas espirituais não podem estar ensarilhadas nem enferruja-das. Precisamos estar afiados e preparados a qualquer momento para o combate. A vida cristã não é colônia de férias; é campo de guerra. Estamos em luta. Nessa guerra não há tempo de trégua, não existe o cessar-fogo, não existe folga. Nessa batalha, não há campo neutro.

Nossas armas não são carnais. Elas são poderosas em Deus para destruir fortalezas e anular sofismas. Temos armas de defesa (Ef 6.14-16) e armas de ataque (Ef 6.17,18). Devemos usá-las com destreza. Não podemos dormir em campo de guerra. Este mundo é um campo minado pelo inimigo. O mundo jaz no Maligno. Importa estar preparado com as garras afiadas e fortes. Para isso é preciso subir às alturas. Precisamos estar na presença de Deus, porque dele vem a

Voando nas alturas

nossa restauração e a nossa força. Não somos nós que temos o poder de mudar nossa vida. Não se trata de confissão positiva, meditação transcendental, ou simplesmente mergulhar no oceano de nossa subjetividade. É preciso subir às alturas com humildade, com arrependimento, com disposição de mudança, porque a transformação vem de Deus. Só o Espírito Santo pode refazer-nos. Só de Deus vem a nossa cura. Só do altíssimo brota a nossa restauração.

Capítulo 10

Meus filhos, meus discípulos

Uma das características mais interessantes da águia é o seu cuidado com os filhotes. Cremos que precisamos aprender com a águia muitas coisas que estão sendo esquecidas nesta geração. Existem alguns princípios básicos na criação dos filhos que os pais não podem esquecer. Esses princípios são balizas seguras na caminhada, marcos que não podem ser removidos, sinais que não podem ser destruídos nem apagados. Hoje, mais do que em qualquer outra geração, há uma orquestração do inferno para destruir a família. Há uma conspiração contra essa primeira instituição divina. O diabo e seus perversos agentes têm derramado sobre a família toda a sua fúria. O inferno tem vomitado todo o seu ódio nefando sobre os lares. Parece que uma tempestade convulsiva ameaça solapar os alicerces da família. A sociedade moderna não aceita mais os absolutos éticos. Ela vive sem freios, com as rédeas soltas, sem linhas divisórias entre o certo e o errado. O que predomina não é a verdade, mas a satisfação imediata dos desejos pervertidos. Essa sociedade hedonista, amante do prazer, a cada dia está se desfibrando moralmente. A fidelidade conjugal, para muitas pessoas, é um costume arcaico sem nenhuma procedência nesta era chamada pós-moderna e pós-cristã. A virgindade e a castidade da juventude parecem coisas vergonhosas. A rebeldia dos filhos contra os pais e a forma irrefletida e até irresponsável como muitos pais vivem são uma realidade desastrosa e lamentável em nossos dias.

Certamente devemos olhar para a águia e aprender com ela como devemos cuidar da família.

1. A águia não põe o ninho dos seus filhos perto dos predadores

Ou é diante das tuas ordens que a águia sobe e faz o seu ninho no alto? Mora nos penhascos e ali tem a sua pousada, no topo dos penhascos, em lugar seguro (Jó 39.27,28).

Meus filhos, meus discípulos

A águia não coloca o ninho dos seus filhos à beira do caminho, em lugares baixos e perigosos. A águia não expõe seus filhos às bestas--feras e aos predadores. Ela não os deixa em lugares vulneráveis. Pelo contrário, ela só faz o seu ninho no alto dos rochedos, no cume dos penhascos. Ela é zelosa em colocar o ninho de seus filhos nas alturas, em total segurança.

Que lição tremenda para nós!

Na sociedade competitiva em que vivemos hoje, procuramos preparar-nos para muita coisa. Fazemos cursos e mais cursos. Passamos por diversos treinamentos, frequentamos seminários, lemos livros e ouvimos muitas palestras. Todavia, são poucos os que se preparam convenientemente para o casamento. São poucos os que se preparam para terem filhos. A maioria dos pais está desqualificada para educá-los adequadamente.

Certa feita, alguém perguntou a Agostinho de Hipona: "Quando devo começar a educação do meu filho?" Ele respondeu: "Vinte anos antes de ele nascer". Primeiro você se educa. Só depois você pode educar os seus filhos. Se vivemos nos lugares baixos, no meio dos predadores, como vamos construir o ninho dos nossos filhos em lugares altos? Se nós, pais, não sabemos o que são as alturas da intimidade com Deus, como podemos conduzir nossos filhos para lá? Se vivemos com os nossos pés sujos de lama, como vamos construir o ninho dos nossos filhos no alto dos rochedos?

É triste constatar que muitos pais vivem misturados com predadores e constroem o ninho de seus filhos em lugares de perigo. Quantas crianças hoje são bombardeadas diariamente pela mídia por ideias pervertidas que minam os valores mais elementares da sã doutrina e desbarrancam os princípios básicos da conduta ilibada! Quantos jovens são arrastados pelas correntezas do vício e feitos escravos dos predadores, tombando nas valas fétidas de uma vida desregrada e sub-humana! Quantos adolescentes capitulam ao apelo do sexo e se entregam à volúpia, oferecendo seu corpo no altar da promiscuidade, sofrendo depois derrotas fragorosas, colhendo os frutos amargos de uma consciência culpada e de uma vida destruída, porque seus pais construíram ninhos perto dos predadores!

Voando nas alturas

Estamos assistindo, horrorizados, à sodomização da sociedade moderna. Os valores de Deus são pisados. Os princípios bíblicos de uma vida pura são tripudiados. Aqueles que tentam resistir a essa avalancha são escarnecidos.

Dirijo-me a você, pai ou mãe — onde está o ninho de seus filhos? Onde estão os seus filhos? Por onde eles andam? O que eles estão fazendo? Com quem eles andam? A que horas eles chegam em casa? Quem são os amigos de seus filhos? Quem são os conselheiros de seus filhos?

A Bíblia nos conta a história dramática de um homem piedoso, fiel, que amava a Deus, tinha o dom de liderança, governava com firmeza uma nação, mas descuidou da criação de seus filhos. Esse homem é Davi. A história de sua família está manchada de paixão patológica, ódio, estupro, assassinato, conspiração, guerras e muito sangue derramado.

Toda essa trama diabólica começou de forma sutil, com um conselho imoral que Jonadabe, um amigo de Amnom, filho de Davi, deu (2Sm 13.1-22). Esse conselheiro da perdição vivia no palácio, na casa do rei, e tinha livre trânsito entre os filhos de Davi. Era uma víbora no ninho dos filhos do rei. Não tardou para inocular em Amnom o seu veneno mortífero. Amnom apaixonou-se por sua irmã Tamar. Jonadabe, vendo o abatimento de Amnom, perguntou-lhe a causa do problema. Este narrou-lhe sua paixão pela irmã. Prontamente esse perverso conselheiro abriu-lhe uma porta. Ordenou-lhe que se fizesse de doente e, ao receber a visita de seu pai, Davi, solicitasse a visita de Tamar, fazendo-lhe uma saborosa comida. Disse mais Jonadabe: "Quando Tamar entrar no quarto com o apetitoso cardápio, dispense as demais visitas da casa e, então, agarre sua irmã à força e a possua".

Assim Amnom fez: estuprou sua irmã, humilhando-a, para em seguida sentir por ela profunda aversão e rechaçá-la de sua casa e de sua vida. Esse fato gerou ódio no coração de Absalão, irmão de Tamar. Mais tarde, Absalão mata Amnom. Davi persegue seu filho Absalão, que se refugia em asilo político e, depois de dois anos, Absalão volta, mas é proibido de ver a face do rei. Mais tarde, Davi o recebe, mas não conversa com ele. Ele sai dali decepcionado com o pai e começa uma

Meus filhos, meus discípulos

conspiração, furtando o coração do povo. Tempos depois, Absalão se levanta contra o pai para tomar-lhe o trono. Coabita com as concubinas do pai em plena luz do sol. Davi, já velho, precisa fugir a pé de Jerusalém, noite adentro, para poupar sua vida ameaçada pelo próprio filho. Nessa perseguição, Absalão morre. Davi chora amargamente a morte do filho conspirador. Mais tarde, seu filho Adonias cobiça o trono, mas Davi o dá a Salomão, seu irmão. Salomão assume o governo e mata Adonias. Na verdade. Essa é uma história trágica, dolorosa, banhada de muitas lágrimas, marcada por muito sangue. A causa da desgraça é que Davi construiu o ninho de seus filhos perto dos predadores. Isso é um solene alerta para nós.

2. A águia voeja sobre os filhotes

Como a águia que desperta sua ninhada, esvoaçando sobre seus filhotes e, estendendo as asas, pega-os e leva-os sobre elas (Dt 32.11). Quando os filhotes da águia já estão grandes, na hora de sair do ninho, a águia, então, começa a voejar sobre o ninho, mostrando-lhes duas coisas:

1) *Está na hora de sair do ninho.* A águia não exerce um papel superprotetor em relação aos filhotes. Ela não mantém os filhotes para sempre debaixo das asas. Ela não cria nos filhotes uma superdependência. Chega um momento em que os filhotes precisam ter as suas próprias experiências e sair do ninho para se exercitarem e ganharem maturidade. Não deve ser diferente nossa atitude como pais. Causa um grave prejuízo para os filhos a atitude de alguns pais que os vivem cercando de todo o cuidado, como se eles fossem eternas crianças indefesas, despreparadas e imaturas. Esses pais demonstram aos seus filhos um amor doentio, possessivo, controlador, mantendo-os sempre no ninho, debaixo de suas asas. Os pais devem criar os filhos preparando-os para a vida, e não fazendo deles eternos dependentes, pois assim esses filhos se tornarão pessoas inseguras e incapazes de assumir responsabilidades na vida.

2) *Ensinar aos filhotes como voar.* A águia não apenas diz aos filhos que está na hora de sair do ninho, mas mostra-lhes como devem

Voando nas alturas

sair. Ela fica voando em círculo sobre o ninho, mostrando-lhes como se voa. Ela, com esse gesto, dá exemplo para seus filhotes.

Isso também precisamos aprender com a águia. Muitos pais ensinam seus filhos, dizem-lhes até coisas bonitas, mas não lhes dão exemplo. Ensinam uma coisa e fazem outra. Ensinam os filhos a ir à igreja, mas não vão. Ensinam os filhos a falar a verdade, mas os filhos os flagram falando mentira. Ensinam os filhos a ser honestos, mas vivem enrolados no cipoal das falcatruas. Os pais precisam compreender que não há ensino verdadeiro sem exemplo. O mundo precisa de pais que estejam dispostos a ser modelos positivos, porque modelos nós sempre somos. Nós sempre vamos esculpir nos filhos as marcas da nossa vida. Os olhos deles estão cravados em nós. Eles nos observam. O que eles estão vendo em nós?

3. A águia tira a maciez do ninho e só deixa os espinhos

Quando a águia percebe que é hora de seus filhotes voarem e ainda assim eles continuam acomodados no ninho, a despeito de seu exemplo, ela decide remover do ninho toda a cobertura macia e deixa apenas os espinhos e os gravetos pontiagudos. Ela gera um desconforto para os filhos. Ela não deixa de amá-los por isso, mas prefere vê-los incomodados a ficarem acomodados no ninho. O conforto do ninho significa agora estagnação, imaturidade, inoperância e atrofiamento. A águia não hesita em aplicar essa lição aos filhotes, ainda que seja uma lição dolorosa. Ela só não admite ver os filhotes deitados em berço esplêndido, quando o mundo lá fora os espera para uma ação dinâmica.

Muitos pais cercam seus filhos com tanto cuidado que não os preparam para enfrentar a vida. Acham que seus filhos não devem trabalhar nem assumir responsabilidades porque são ainda muito tenros. Dão tudo de mão beijada para os filhos. Muitos pais estragam os filhos com essa atitude, em nome do amor. A Bíblia fala de grandes homens como Isaque, Eli, Samuel, Josafá, que falharam dolorosamente na criação de seus filhos, porque não tiveram pulso para discipliná-los nem os prepararam para enfrentar as lutas da vida; antes, os cercaram com uma redoma hiperprotetora e os mantiveram quentinhos na estufa do

Meus filhos, meus discípulos

ninho, quando deveriam ter removido a penugem macia e deixado que os espinhos bradassem aos ouvidos de seus filhos que era hora de sair do comodismo.

Vejo nessa lição uma aplicação muito séria também para a igreja. Aliás, se existe um povo que gosta de ficar no ninho é o povo cristão. Realmente o ninho é gostoso, quentinho, seguro. Ficamos todos juntinhos e embolados. É maravilhoso! Mas chega um momento em que é preciso sair!

Preste atenção na igreja hoje: 90% de suas atividades são dentro do ninho. O metro quadrado mais evangelizado do mundo são os templos evangélicos. Vivemos a fobia de sair das quatro paredes. Quase toda a nossa dinâmica é intramuros. Muitos crentes já foram ao templo mais de mil vezes, mas nunca atravessaram a rua para falar de Jesus ao vizinho. Muitos de nós gastamos o assento dos bancos da igreja, enquanto as testemunhas de Jeová, uma seita herética, gasta a sola de seus sapatos. Noventa e cinco por cento dos crentes não sabem o que é levar uma alma a Jesus. São igrejeiros. São amantes do ninho.

Gosto de ver a dinâmica do ministério de Jesus e dos apóstolos. Eles não se deixavam enclausurar dentro de quatro paredes. Eles passaram mais tempo na rua, onde o povo estava, do que no templo ou na sinagoga. Se queremos ver as multidões convertendo-se a Jesus, precisamos sair do ninho e ir lá fora, onde os pecadores estão, e ali levá-los aos pés do Salvador.

4. A águia tira os filhotes do ninho

É estonteante constatar que, mesmo afligidos com espinhos e alfinetados por farpas pontiagudas, os filhotes da águia ainda teimam em continuar no ninho. Essa mesma realidade é vista na igreja hoje. Muitas vezes, Deus, ao ver o comodismo da igreja, envia sobre ela perseguição, remove dela todo o conforto, deixa-a sobre um tapete eivado de espinhos, para que ela se desinstale de seu comodismo. Foi assim que Deus fez em Jerusalém. O avivamento estava em pleno vigor, multidões se convertiam. Mas a igreja estava restrita a Jerusalém. O plano de Deus era que a igreja ultrapassasse aquela fronteira e fosse

Voando nas alturas

até os confins da terra. A igreja demorou em cumprir esse cronograma dado por Jesus em Atos 1.8. Então, Deus mandou a perseguição, e, quando a igreja sentiu os espinhos acicatando-a, saiu do ninho, e o evangelho espalhou-se por todo o mundo. Essa lição repetiu-se várias vezes ao longo dos séculos.

Triste, porém, é perceber também que muitas igrejas criam resistência até mesmo aos espinhos. Mesmo afligidas por farpas, não saem do ninho. Estão como que anestesiadas. Conspiram contra todos os recursos pedagógicos de Deus.

Voltemos à lição da águia.

O que a águia faz com o filho que resiste aos seus métodos mais suaves? Ela simplesmente pega o filhote com suas garras possantes, suspende-o no ar e das alturas o solta sem paraquedas. O filhote noviço e neófito ainda não sabe bater suas asas articuladamente e, por isso, cai desamparado numa sensação de que vai se esborrachar no chão. Quando o filhote cheio de medo chega ao fim de suas esperanças, a águia dá um voo rasante, estende suas asas debaixo do filhote e leva-o novamente para as alturas. E outra vez o solta no espaço aberto. Novamente, ele cai batendo as asas atabalhoadamente, sem conseguir aprumar-se. A águia estende suas asas e o toma em segurança; leva-o de volta às alturas e lança-o no espaço outra vez. Isso ela repete duas, três, cinco, dez vezes, até o filhote aprender a voar sozinho. Esse gesto ensina-nos algumas lições práticas:

1) *Não podemos desistir dos nossos filhos.* Muitos pais já estão cansados e desanimados com seus filhos. Já empregaram muitos recursos, usaram muitos métodos para que seus filhos andassem com firmeza e responsabilidade, mas viram, com tristeza, todo o seu esforço fracassar. Por favor, não desista de seus filhos. Não abra mão deles. Não abdique do direito que você tem de vê-los como pessoas maduras. Não ensarilhe as armas. Não fuja da luta. Você está no limiar da vitória. Você não criou filhos para o cativeiro. Seus filhos são herança de Deus. São filhos da promessa. Eles estão incluídos no pacto que Deus fez com você. Não abra mão de vê-los andando com Deus em novidade de vida. Tenha um pouco mais de paciência. Caminhe com

Meus filhos, meus discípulos

eles a segunda milha. Repita a mesma lição quantas vezes for preciso. Deus vai recompensar você pela sua paciência e perseverança.

2) *Não podemos ser amargos com os nossos filhos.* Talvez os espinhos que você colocou no ninho de seus filhos tenham sangrado não a eles, mas ao seu coração. Você está machucado, ferido e magoado. Suas forças se esvaíram. Seus recursos se esgotaram. Só lhe restam decepção e amargura. Cuidado, não seja amargo com seus filhos. Não provoque a ira deles. Continue a investir. Ainda há esperança. A promessa de Deus não falha. A Palavra de Deus é fiel e verdadeira. Não os trate com amargura. Não perca o controle. O amor tudo vence.

3) *Não podemos reter o perdão aos nossos filhos.* Há pais que sofreram tanto com seus filhos que estão derrotados pelo rancor. Há pais que já desistiram de amar os seus filhos e buscá-los com os braços abertos da reconciliação e com o beijo do perdão. Devemos olhar para a parábola do filho pródigo e imitar o exemplo daquele pai que perdoa e restaura seu filho à dignidade que ele tinha antes. O perdão é imerecido, é fruto da graça. Por isso, o pai não humilhou o seu filho. Não o expôs ao ridículo. Não o esmagou com acusações pesadas. Mas vestiu-lhe com roupas limpas, colocou-lhe sandálias nos pés, um anel de dignidade no dedo e promoveu uma festa. Abra seu coração também para perdoar. Tire a sua alma do cárcere da amargura. Saia, em nome de Jesus, desse silêncio que está sufocando você e destruindo seu filho. Absalão, quando estava em Jerusalém sem poder ver a face do seu pai, disse: "Eu prefiro que meu pai me mate a deixar de falar comigo. Eu não suporto mais o silêncio de meu pai". Pior do que o estardalhaço é o silêncio frio e gelado. Em nome de Jesus, perdoe seus filhos, ouça-os. Ame-os.

No ano de 1989, no Rio de Janeiro, aconteceu um fato doloroso: um menino de 11 anos, chamado Netinho, acordava todo dia às 5 horas para ir a um colégio militar estudar e só voltava a casa às 18 horas. Mesmo muito jovem, cumpria um horário rigoroso debaixo de normas bastante severas. Seus pais eram muito austeros com ele. Um dia, esse jovem, em prova, foi apanhado por um dos professores com uma cola. Suspenderam-no de imediato, publicaram o fato na escola e mandaram-no para casa. Ao chegar em casa, seus pais disciplinaram-no

Voando nas alturas

com redobrado rigor. Em vão o jovem tentou conversar e explicar aos pais o ocorrido. Eles disseram-lhe: "Não fale nada. Nós estamos com vergonha de você". Aquele menino, triste, desolado, sem compreensão, sem afeto, sem perdão, num ato de desespero, apanhou a arma de seu pai e deu um tiro na cabeça, deixando para os pais uma carta: "Queridos pais, desculpem-me pela minha atitude. Em vão eu tentei falar com vocês. Perdoem-me por ter exposto vocês a uma vergonha pública. Estou tirando minha vida porque não pude receber de vocês o perdão, por um pecado que não cheguei a cometer"! Esse acontecimento abalou a sensibilidade adormecida da nação e ergueu uma voz altissonante ao coração dos pais, mostrando que o perdão é uma condição indispensável para que uma pessoa erga a cabeça e continue viva em sua plenitude.

4) *Precisamos discipular os nossos filhos.* A águia não ensina seus filhotes teoricamente. Ela investe tempo e trabalho nos filhos. Ela os treina. Ela os discipula.

Hoje a sociedade carece de pais discipuladores. Precisamos tomar nossos filhos pela mão e andar com eles pelas veredas da justiça. Não basta aos pais apontar o caminho e dizer: "Aquele é o caminho certo; sigam por ele". A Bíblia diz: *Instrui a criança no caminho em que deve andar, e mesmo quando envelhecer não se desviará dele* (Pv 22.6). Não diz o texto para ensinar à criança *o caminho* em que ela quer andar, nem *o caminho* em que ela deve andar, mas *no caminho* em que ela deve andar. Ensinar o caminho é apontar numa direção e dizer: "Vá por ali". Ensinar no caminho é dizer: "Vem comigo. Vamos juntos". À medida que caminhamos lado a lado, vou ensinando com o meu exemplo. Isso é fazer discípulos.

Nossa geração anda muito ocupada com muitas coisas. Vivemos numa sociedade mercantilista, materialista, consumista e competitiva. Muitas pessoas correm da manhã à noite, sobrecarregadas com muitos afazeres. Lutam de sol a sol para ganhar dinheiro e dar um pouco mais de conforto à família. Todavia, muitos nessa labuta acabam invertendo os valores. Começam a criar gosto e amor pelo dinheiro a ponto de, por amor a ele, sacrificar a família. A Bíblia diz que os filhos são herança do Senhor. Muitos hoje estão investindo

Meus filhos, meus discípulos

quase todo o tempo no dinheiro e muito pouco tempo na criação dos filhos. Para compensar a ausência na vida dos filhos, os pais enchemnos de presentes. Dão a eles todo o conforto, mas lhes sonegam atenção. E esses filhos tornam-se pessoas rasas, despreparadas para a vida, sem nenhum apego à família, presas fáceis dos predadores.

Vi certa feita uma frase na traseira de um caminhão: "Adote seu filho antes que um traficante o faça"! É tempo de resgatarmos os antigos valores, quando os pais tinham tempo para conversar com os filhos, quando a família se reunia não numa passividade letárgica em frente da televisão, mas ao redor da Palavra de Deus, no altar de comunhão, da devoção e da oração. Que Deus nos dê a bênção de vermos nestes dias pais que estejam prontos a pagar o preço de serem como Jó, sacerdote do lar. Que Deus nos dê a alegria de vermos mães com a fibra de Joquebede, que incutiu na mente de seu filho Moisés os grandes tesouros da Palavra de Deus que lhe serviram de farol ao longo da sua jornada. Que Deus nos conceda a bênção de vermos mães como Loide e Eunice, que ensinam as sagradas letras aos seus filhos desde a mais tenra idade e os levam aos pés do Salvador.

Essa lição da águia tem também uma forte aplicação à vida da igreja. O discipulado é uma necessidade vital para o crescimento e amadurecimento dos crentes. Devemos estar comprometidos uns com os outros. Devemos investir na vida uns dos outros. Devemos fazer discípulos, como Jesus. Esta é a norma funcional da igreja de Deus: *O que ouviste de mim, diante de muitas testemunhas, transmite a homens fiéis e aptos para também ensinarem a outros* (2Tm 2.2). É uma anomalia pessoas virem para a igreja e ficarem estagnadas, inoperantes e infrutíferas a vida toda. O propósito de Deus é que essas pessoas sejam discipuladas para que depois possam discipular outras e assim por diante. Na igreja de Deus essa deve ser a dinâmica, pois crescimento é método de Deus.

Conclusão

Chegamos juntos ao fim desta jornada de leitura. A expectativa do meu coração é que você não seja mais o mesmo. Aliás, disso eu tenho certeza. Depois desta leitura, você está melhor ou pior. Neutro, você não pode estar. É impossível. Sempre que ouvimos a voz de Deus, tornamo-nos melhores ou piores. A Palavra de Deus é espada de dois gumes. Ela dá vida a quem obedece e sentencia com morte os desobedientes. Somos julgados pela Palavra. Quanto mais oportunidade tivermos, mais culpados seremos se não ouvirmos a voz de Deus.

Minha oração é que esta mensagem possa arder em seu coração, inflamar a sua alma e levantar os seus olhos para as alturas, mirando bem o exemplo da águia. É possível que até hoje você tenha vivido nas sombras, escondido no anonimato como Saul atrás da bagagem dos seus complexos (1Sm 10.22). Quem sabe você até hoje está fugindo como Caim, com a consciência cheia de culpa por causa de seus erros do passado (Gn 4.14). Quem sabe você tem tomado navios para Társis, como Jonas, na direção radicalmente oposta à vontade de Deus para sua vida (Jn 1.3). Quem sabe você tem aprisionado sua alma na armadilha da feitiçaria, como o rei Manassés, e agora se encontra oprimido e enjaulado pelos seus próprios pecados (2Cr 33.1-17). Quem sabe você caiu na rede de uma relação sexual ilícita, como Davi, e agora seu coração está cheio de medo das dolorosas consequências (2Sm 11.1-25). Quem sabe você se envolveu com gente perversa e má e agora não sabe como sair dessa trama diabólica, como Sansão. Quem sabe você, por causa da ganância ou até mesmo das dificuldades, envolveu-se em negócio ilegal e agora está aflito e sem paz, como Judas Iscariotes. Quem sabe você tem negado Jesus com a sua vida, como fez Pedro na casa do sumo sacerdote (Lc 22.54-62). Quem sabe você tem mentido ao Espírito Santo, como Ananias, quando leva a sua própria oferta ao altar (At 5.1-11). Quem sabe você tem sido como Diótrefes: está na igreja sempre ocupando um cargo de liderança, mas não por amor a Jesus e às suas ovelhas, mas para dar vazão ao seu próprio orgulho (3Jo 9-12). Quem sabe você tem sido como o filho pródigo, cuspindo no prato que come, insatisfeito com sua casa, com seus pais, pronto a sair

Conclusão

de casa e dissipar sua herança e sua vida na dissolução do pecado (Lc 15.11-24). Quem sabe você tem sido como o jovem rico, perdido dentro da igreja (Lc 18.18-23). Quem sabe você tem sido como Demas, que, por causa das atrações do mundo, abandonou a igreja; pôs a mão no arado, mas olhou para trás e hoje se sente como sal insípido, pisado pelos homens (2Tm 4.10). Ah, mesmo que seja essa a sua condição, ainda há esperança para você. Volte-se para cima como a águia.

Como embaixador de Deus, como ministro da reconciliação, eu rogo em nome de Jesus que você não deixe escapar mais esta oportunidade. Eu uno minha voz à voz dos profetas e dos apóstolos, ao brado da Igreja e a todas as trombetas de Deus que já ecoaram ao seu coração para que você rechace de sua vida tudo aquilo que entristece o Espírito Santo. Deus tem uma vida abundante, maiúscula e eterna para você. Não se contente com migalhas; há um lauto banquete à sua espera. Não viva como escravo; você é filho do Rei. Não se encolha, vencido; você é mais do que vencedor. Não capitule às ameaças do diabo; você já está assentado com Cristo nas regiões celestiais, acima de todo principado e de toda potestade. Não se conforme com o caos, não ponha seus pés no laço. Saia da caverna, saia da mediocridade, jogue fora os andrajos, volte para a casa do Pai, tome posse de tudo aquilo que lhe cabe por herança. Você é membro da família real. Você foi criado para viver altaneiramente. Você é como a águia. Viva, então, como um vencedor, voando nas alturas. Amém.

Sua opinião é
importante para nós.
Por gentileza, envie seus
comentários pelo e-mail
editorial@hagnos.com.br.

Visite nosso site: www.hagnos.com.br

Esta obra foi composta
nas fontes Adobe
Garamond Pro, corpo
10,5 e Gill Sans, corpo
16 e 17; e impressa
na Imprensa da Fé.
São Paulo, Brasil,
Primavera de 2015.